Lehr- und Handbücher
zu
# Sprachen und Kulturen

Herausgegeben
von
José Vera Morales
und
Martin M. Weigert

Bisher erschienene Werke:

Schäfer · Galster · Rupp, Wirtschaftsenglisch, 11. Auflage
Zürl, English Training: Confidence in Dealing with Conferences, Discussions, and Speeches
Lavric · Pichler, Wirtschaftsfranzösisch fehlerfrei – le français économique sans fautes, 2. Auflage
Jöckel, Wirtschaftsspanisch – Einführung
Padilla Gálvez · Figueroa de Wachter, Wirtschaftsspanisch – Textproduktion
Schnitzer · Martí, Wirtschaftsspanisch – Terminologisches Handbuch, 2. Auflage
Schmidt, Deutsch-tschechisches Wörterbuch der Betriebswirtschaftslehre
Milińska, Übersetzungskurs Polnisch-Deutsch und Deutsch-Polnisch
Baumgart · Jänecke, Rußlandknigge
Rathmayr · Dobrušina, Texte schreiben und präsentieren auf Russisch
Liu · Siebenhandl, Einführung in die chinesische Wirtschaftssprache

# Wirtschaftsfranzösisch fehlerfrei

# Le français économique sans fautes

## Übungs- und Studienbuch

Von

Ass. Prof. Dr. Eva Lavric

und

Dr. Herbert Pichler

2., unwesentlich veränderte Auflage

R. Oldenbourg Verlag München Wien

**Die Deutsche Bibliothek - CIP-Einheitsaufnahme**

**Lavric, Eva:**
Wirtschaftsfranzösisch fehlerfrei : Übungs- und Studienbuch = Le français économique sans fautes / von Eva Lavric und Herbert Pichler. – 2., unwes. veränd. Aufl. – München ; Wien : Oldenbourg, 1998
(Lehr- und Handbücher zu Sprachen und Kulturen)
ISBN 3-486-24805-7


Rosenheimer Straße 145, D-81671 München
Telefon: (089) 45051-0, Internet: http://www.oldenbourg.de



Gedruckt auf säure- und chlorfreiem Papier
Gesamtherstellung: Druckhaus „Thomas Müntzer" GmbH, Bad Langensalza

ISBN 3-486-24805-7

# TABLE DES MATIERES

# Avant-Propos

«LE FRANÇAIS ÉCONOMIQUE SANS FAUTES» est un manuel qui servira de complément à tout programme de français économique pour germanophones. Il repose sur une longue expérience d'enseignement à l'Université des Sciences économiques de Vienne, et donc sur une connaissance profonde des erreurs les plus fréquentes. Les auteurs ont eu l'occasion de le mettre en pratique avec leurs étudiants, obtenant des résultats plus que satisfaisants.

Cette méthode, consacrée aux faux amis et aux pièges du français économique, se propose de fournir d'une part des explications détaillées et d'autre part toute une gamme d'exercices ciblés sur ces mêmes difficultés. Elle est conçue de manière à permettre à l'étudiant un travail indépendant sur la base de l'auto-contrôle. Si l'étudiant est soutenu par un professeur, celui-ci pourra faire un choix parmi les exercices ou les adapter aux besoins ou au niveau de l'élève.

Le point de départ de cette méthode est une **liste** des 300 sources d'erreurs les plus fréquentes, liste qui permet une première approche des difficultés et qui servira de base aux exercices. Nous y avons inclus non seulement des problèmes de terminologie, mais aussi des connecteurs logiques et bien d'autres éléments du langage de spécialité au sens large. Nous nous sommes concentrés sur les difficultés particulières aux étudiants germanophones, tout en tenant compte autant que possible des fréquentes interférences dues à l'apprentissage parallèle de l'anglais.

La liste est structurée en dix chapitres suivant les types de difficultés, p.ex. les faux amis proprement dits (*filiale ≠ Filiale*), les barbarismes (~~*expecter*~~), les divergences sémantiques (*Entwicklung → développement / évolution*), les verbes difficiles (*acquérir*), les problèmes de genre (*le dividende*) et de nombre (*les effectifs*), les difficultés de morphologie (*diminution*) et d'orthographe (*comptabilité*).

Les éléments de cette liste sont ensuite présentés et contextualisés sous forme d'exercices. Les exercices préliminaires et les exercices d'approfondissement se distinguent tant par leur structure que par leur fonction, mais il s'agit dans les deux cas d'exercices de thème, c'est-à-dire de traduction allemand → français. Nous avons choisi le thème comme étant le type d'exercice le plus riche dans le sens de complexe, et le plus approprié dans une perspective contrastive. Rien n'empêche d'ailleurs le professeur de fabriquer des QCM (questionnaires à choix multiple), des exercices à trous ou des dictées, sur la base des corrigés présentés en fin de recueil.

Les **exercices préliminaires** présentent les difficultés dans l'ordre de la liste et insérées dans des phrases simples, à raison d'un terme difficile par phrase et sans anticiper sur les difficultés ultérieures. Ils sont tout simplement destinés à tendre les pièges un par un.

L'étudiant qui travaille sur ces exercices se reportera systématiquement à la **liste commentée**, noyau dur du programme. Il y trouvera les traductions de tous les termes et surtout des explications détaillées, des références à l'allemand et à l'anglais, quelques points de grammaire ainsi que du vocabulaire contextuel supplémentaire.

Les **exercices d'approfondissement** reprennent ensuite les difficultés chapitre par chapitre, cette fois-ci dans des phrases plus complexes, voire des petits textes de traduction, regroupant chacun plusieurs des termes difficiles. De plus, ces exercices contiennent un choix supplémentaire de vocabulaire économique et de difficultés de grammaire, et surtout une révision systématique des termes présentés dans l'ensemble du programme.

C'est donc une façon de procéder bien précise que nous conseillons à l'utilisateur de notre méthode - libre à ceux qui veulent aller plus vite de se concentrer sur l'une des deux batteries d'exercices, puisque chacune permet un accès exhaustif à la liste.

Dernier élément du programme: un **contrôle final** sous forme de QCM, qui permet de vérifier en peu de temps le succès de l'apprentissage.

Le tout est bien sûr complété par les **corrigés** de tous les exercices. Afin de faciliter l'auto-correction, nous proposons souvent plusieurs variantes de traduction, tout en sachant qu'un corrigé ne peut remplacer les explications d'un professeur.

Finalement, nous aimerions attirer l'attention sur le double **index** (français et allemand), qui permet de retrouver tous les termes mentionnés aussi bien dans la partie explicative que dans les exercices.

Il nous reste à souhaiter que **«LE FRANÇAIS ÉCONOMIQUE SANS FAUTES»** réponde aux attentes de ses utilisateurs et que cet ouvrage soit pour eux un instrument de travail utile, enrichissant et - pourquoi pas? - qui leur fasse apprécier les subtilités de la langue française.

EVA LAVRIC HERBERT PICHLER

## Faux amis et pièges du français économique

1) **Faux amis** (Le mot ne signifie pas ce que l'on pourrait croire)

### 1.a) allemand

la filiale ≠ la succursale
la souscription ≠ la signature
la chance ≠ la possibilité
la démonstration ≠ la manifestation
le concours ≠ la faillite
un index ≠ un indice

triste ≠ grave, difficile, morose
actuel ≠ d'actualité

effectif ≠ efficace
(conservatif ≠) conservateur
(intensif ≠) intense

forcer ≠ promouvoir, encourager
montrer ≠ représenter
(repayer ≠) rembourser

tout le monde ≠ le monde entier
la plupart des ≠ la plus grande partie de

alors ≠ donc
après ≠ d'après, selon
avant ≠ il y a

### 1.b) anglais

supporter ≠ soutenir
user ≠ utiliser, se servir de
visiter ≠ rendre visite à, aller voir
attendre ≠ fréquenter (une école)
quitter qn./qch. ≠ partir
joindre qn. ≠ adhérer à

la compétition ≠ la concurrence
la monnaie ≠ l'argent
les coins ≠ les pièces de monnaie
le peuple ≠ les gens

(Dû à ≠) Par suite de / En raison de

### 1.c) français

élevé (adj.), mais:
élever qch ≠ relever, augmenter qch
s'élever à ≠ s'accroître, augmenter (pour passer à)

les causes et les effets, mais:
effectuer ≠ causer, entraîner

2) **Barbarismes** (Mots qui paraissent français mais qui ne le sont pas)

~~solver~~ → résoudre
~~protecter~~ → protéger
~~expresser~~ → exprimer

~~expecter~~ → s'attendre à / à ce que + subj.
~~les expectations~~ → les attentes

~~une place de travail~~ → un emploi
~~une investition~~ → un investissement
~~la balance de performance~~ → la balance des opérations courantes
~~le spéditeur~~ → le transporteur

~~financiel~~ → financier
~~optimistique~~ → optimiste
~~théorétiquement~~ → théoriquement

~~cettes~~ → ces
~~de(s) différents, de(s) divers~~ → différents, divers
(mais: de nombreux!)

~~d'un côté, d'autre côté~~ → d'un côté, de l'autre

~~10 Mio ATS~~ → 10 millions **de** schillings
~~20 Mrds $~~ → 20 milliards **de** dollars

**Expressions qui ne s'emploient pas par écrit:**
(ça) → cela
(pour ça) → c'est pourquoi
(Quand même) → Malgré cela, cependant, pourtant

3) **À éviter** (Tournures calquées sur l'allemand)

(on peut distinguer →) on distingue
(on peut constater →) on constate

(être dépendant de →) dépendre de

(rendre possible →) permettre

(mener à →) conduire à, entraîner

4) **Deux (ou plusieurs) mots français pour un mot allemand**

haut ≠ élevé
la hauteur ≠ le montant ≠ l'altitude

un développement ≠ une évolution
une économie nationale ≠ l'économie politique
la balance ≠ le bilan

un impôt ≠ une taxe
un surplus ≠ un excédent
le procès ≠ le processus

la date ≠ les données (≠ un rendez-vous)
le chiffre ≠ le nombre

l'huile (f.) ≠ le pétrole ≠ l'essence (f.)
les stocks ≠ le dépôt, l'entrepôt

l'éducation (f.) ≠ la formation
un paysan, un fermier ≠ un agriculteur

un an ≠ une année ≠ un exercice

épargner ≠ économiser
l'épargne ≠ les économies
(une politique de rigueur, d'austérité)

changer ≠ modifier
un changement ≠ une modification

payer (au) comptant ≠ payer en espèces, en liquide
livrer ≠ fournir
un livreur ≠ un fournisseur
alléger ≠ faciliter ≠ soulager
voter ≠ élire

chez ≠ auprès de ≠ lors de, à l'occasion de
en face de, vis-à-vis de ≠ par rapport à (≠ face à)
pendant que ≠ tandis que, alors que ≠ tout en + part.prés.

5) **Distinguez bien!** (Nuances subtiles, mais identiques en allemand)

les effectifs ≠ le personnel ≠ les salariés ≠ les employés ≠ la population active
le peuple ≠ la population
le revenu ≠ les recettes

comprendre ≠ être constitué de ≠ contenir
éviter ≠ empêcher
évaluer ≠ estimer

conduire à > entraîner > causer > provoquer > déclencher

quelques ≠ certains ≠ plusieurs
dernier (/ passé) ≠ précédent
prochain ≠ suivant
en plus ≠ De plus,...
grâce à ≠ à cause de ≠ en raison de
en cas de... ≠ dans le cas d'un... / du...

6) **Mots à employer au pluriel** (Le pluriel domine ou possède un sens particulier)

les bénéfices
les pertes
les échanges
les ventes
les importations
les exportations
les effectifs
les stocks
les élections

7) **Masculin - féminin**

(Les mots en **-ment** et en **-age** sont en général masculins!)
le rendement le chômage, le reportage, le sondage

une offre

la valeur
la raison
la part
la partie

le parti politique

le groupe
le rôle
le contrôle
le dividende
le domaine
un million
un milliard
le chiffre
le graphique

8) **Réflexivité** (Verbes qui se construisent avec ou sans *se*)

changer
doubler
tripler
augmenter / s'accroître
diminuer / se réduire
s'élever à / être de
s'attendre à / à ce que + subj.

9) **Verbes difficiles**

bénéficier de / à: je bénéficie, nous bénéficions, j'ai bénéficié
le bénéfice, le bénéficiaire

financer: je finance, nous finançons, j'ai financé
les finances, le financement, le financier

acquérir: j'acquiers, nous acquérons, ils acquièrent, j'ai acquis
une acquisition, un acquis, un acquéreur

promouvoir: je promeus, nous promouvons, ils promeuvent, j'ai promu
la promotion, le promoteur

résoudre: je résous, nous résolvons, ils résolvent, j'ai résolu

conclure: je conclus, nous concluons, ils concluent, j'ai conclu

offrir: j'offre, nous offrons, j'ai offert

réduire: ils réduisent
produire: ils produisent

10) **La lettre qui fait la différence** (Problèmes de morphologie et d'orthographe)

**10.a) Écoutez bien!**

un baril
un exercice
le pronostic
la conjoncture
la diminution
une adaptation
la chimie, chimique
la médecine
favorable
le gouvernement
le parlement
l'exportateur, l'importateur
deuxièmement, troisièmement
le caractère, caractéristique

diviser
réviser
ass**a**inir

un effet
un contrat
un projet
un objet
un sujet
un conflit

un mois
le salaire ≠ le salarié
un avocat
un avantage

**10.b) La différence ne s'entend pas**

par ex**e**mple

une tend**a**nce
la correspond**a**nce
un assist**a**nt

le gouvern**e**ment
le dévelo**ppe**ment
l'équi**pe**ment (m.)

pl**u**tôt
la pl**u**part

un e**xc**édent
e**xc**eptionnel

com**p**ter, la com**p**tabilité
le rythme
le langage

**10.c) Terminaisons**

certaines ≠ certains
les Américaines ≠ les Américains
les Françaises ≠ les Français
les courses ≠ les cours

**-al, -ale, -aux, -ales**
national, social, libéral,
égal, fiscal, électoral...

**-if, -ive, -ifs, -ives**
actif, positif, compétitif...

**-ic, -ique, -ics, -iques**
public / publique

modern**e**
net / ne**tte**
brut / bru**te**

le revenu
un résumé
un employé

le pétrole
le monopole

le problème
le système
le programme

le spécialiste
un expert
le succès

**10.d) Lettre double ou non?**

un actio**nn**aire
un fonctio**nn**aire
professio**nn**el
traditio**nn**el
perso**nn**el, la perso**nn**alité
le protectio**nn**isme
la mo**nn**aie, mo**n**étaire

a**nn**uler
para**ll**è**l**e

une a**d**resse
s'a**d**resser à
une éta**p**e

**10.e) Accents**

presque
depuis
premier
la mesure
la relation
avoir besoin de
devenir, devenu
cher, chère

il représente
le/la secrétaire
élevé
créé / créée (← créer)

le pétrole
le problème

le chômage
les intérêts

surtout

coté en Bourse
d'un côté...de l'autre

acheter, j'achète, nous achetons, acheté
espérer, j'espère, nous espérons, espéré

**10.f) Majuscules**

la Bourse
l'État
un franc français
un Français ≠ le français

# EXERCICES PRÉLIMINAIRES

**1.a)**

Wir haben die Warenmuster an unsere Filiale in Linz geschickt.

Die Gründung einer Tochtergesellschaft muß den Gesellschaftern angekündigt werden.

Ein Scheck ohne Unterschrift ist ungültig.

Die Zeichnung des Kapitals endet am 30. Juni.

Wir haben gar keine Chance mehr, einen Kredit zu erhalten.

Um einen Kredit zu erhalten, müßte man Glück haben.

Die Demonstration wurde von den Gewerkschaften organisiert.

Morgen wird es eine Vorführung der neuen Geräte geben.

Die Gläubiger befürchten, daß die Genossenschaft in Konkurs geht.

Alle Kandidaten werden zu einer Ausleseprüfung antreten müssen.

Der Dow Jones ist ein besonders bekannter Börsenindex.

Die Schlüsselwörter werden im Register angeführt.

Der Textilsektor befindet sich seit langem in einer tristen Lage.

Es ist traurig, daß niemand in diesen Sektor investieren will.

Ich habe den Bericht weggeworfen, denn er ist nicht mehr aktuell.

Der derzeitige Präsident wird bald in den Ruhestand treten.

Die neue Marketing-Abteilung ist noch nicht effizient genug.

Die tatsächliche Geburtenrate entspricht nicht den veröffentlichten Statistiken.

Der konservative Kandidat hat 53% der Stimmen erhalten.

Trotz der intensiven Bemühungen der Verkäufer hat der Umsatz stagniert.

Wir werden ihnen raten, einen Intensivkurs für Kommunikation zu besuchen.

Die medizinische Forschung kann nur durch großzügige Subventionen forciert werden.

Das Budgetdefizit zwingt die Ministerien, ihre Ausgaben zu verringern.

Das ist die Tabelle, die den Energieverbrauch in den OECD-Ländern zeigt / darstellt.

Die Tabelle zeigt, daß die USA am meisten Energie verbrauchen.

Der geliehene Betrag wird nach zehn Jahren zurückgezahlt werden müssen.

Man kennt unser Unternehmen auf der ganzen Welt.

Alle Welt (jedermann) kennt unser Unternehmen.

Der Großteil des Kapitals gehört ausländischen Gesellschaften.

Die meisten Österreicher besitzen keine Wertpapiere.

Man will also den Kauf von Aktien forcieren.

Dann wird die Börse vielleicht einen Aufschwung erleben.

Nach Meinung des Vorstandes sollte bald das Kapital erhöht werden.

Die Ausgabe junger Aktien könnte nach der Hauptversammlung erfolgen.

Vor fünfzehn Jahren glaubte niemand an einen Beitritt Österreichs zur EU.

Vor der Abstimmung haben die Österreicher viel über diese Frage nachgedacht.

**1.b)**

Der IWF unterstützt die Länder der Dritten Welt mittels Darlehen.

Aber viele Länder halten die drakonischen Bedingungen nicht aus.

Wird man im 21. Jahrhundert noch den Schilling verwenden?

Die alten Banknoten werden schon sehr abgenützt sein.

Der Verkehrsminister hat den EU-Kommissar besucht.

Er hat die Gelegenheit genützt, um das Atomium zu besichtigen.

Welche Schule haben Sie besucht?

Seit drei Wochen warten wir auf eine Antwort.

Wenn der Krieg ausbricht, werden die ausländischen Unternehmer fortgehen.

Die OPEC-Vertreter haben Wien verlassen, ohne ein Abkommen unterzeichnet zu haben.

Bevor ein Land der Währungsunion beitreten kann, muß es alle Kriterien erfüllen.

Es ist schwierig, die Verantwortlichen zu erreichen.

Viele europäische Unternehmen leiden unter der starken asiatischen Konkurrenz.

Kein österreichischer Sportler wird am Wettbewerb teilnehmen.

Zeit ist Geld.

Die D-Mark und der Schweizer Franken gehören zu den harten Währungen.

Ich habe die Taschen voller Kleingeld.

Dieser Automat nimmt nur Münzen an.

Solche Automaten gibt es an jedem Straßeneck.

Die Leute glauben, daß ihr Vermögen nicht gefährdet ist.

Das Volk möchte von den Politikern ernstgenommen werden.

Aufgrund der Inflation ist die Kaufkraft ständig gesunken.

Das Sinken der Kaufkraft ist auf die Inflation zurückzuführen.

1.c)

Die Kaufleute fürchten, daß der Mehrwertsteuersatz angehoben wird.

Der Handwerker möchte, daß ein Obelisk vor seiner Werkstatt errichtet wird.

Die Inflationsrate hat sich auf 6% erhöht.

In Griechenland beträgt die Rate sogar 15%.

Die Privatisierungsserie hat eine Sättigung des Börsenmarktes bewirkt.

Die neue Koalition hat die Absicht, radikale Reformen durchzuführen.

2)

Dieses Problem ist nicht leicht zu lösen.

Der Markt ist durch beträchtliche Zölle geschützt.

Die Summe muß in D-Mark ausgedrückt werden.

1995 erwartete niemand einen derartigen Wirtschaftsaufschwung.

Ich habe nicht erwartet, so wenig zu verdienen.

Die Leute erwarten, daß diese Bank bald in Konkurs gehen wird.

Die Ergebnisse entsprechen nicht den Erwartungen des Vorstandes.

Der Minister hat die Schaffung neuer Arbeitsplätze versprochen.

Die Investitionen dienen dazu, die Produktivität zu steigern.

Die Leistungsbilanz weist weiterhin ein Defizit auf.

Für die Versicherungspolizze ist der Spediteur verantwortlich.

Die derzeitige Finanzkrise ist auf Spekulationen zurückzuführen.

Nichtsdestoweniger bleibt der Präsident der Zentralbank optimistisch.

Theoretisch müßte die Abwertung die Exporte stimulieren.

Ich werde Ihnen diesen Brief und diese nützlichen Informationen schicken.

Die Führungskräfte haben schon verschiedene /diverse Strategien ausprobiert.

Aber zahlreiche Probleme bestehen weiterhin.

Der Vorstand will einerseits Rücklagen bilden und andererseits dringende Investitionen durchführen.

Eine neue Maschine würde 10 Millionen Schilling kosten.

Laut IWF beträgt die Unterstützung 20 Milliarden Dollar.

Das entspricht einem Drittel der Verschuldung.

Daher wird ein zusätzlicher Kredit notwendig sein.

Trotzdem erwartet man nicht, daß die gesamte Schuld zurückgezahlt wird.

3)

Man kann verschiedene Kategorien von Gesellschaften unterscheiden.

Bei genauerem Hinsehen kann man feststellen, daß ein einziger Kandidat allen Anforderungen entspricht.

Der Umsatz ist abhängig vom Gelingen unserer Werbekampagne.

Leasing macht es möglich, stets über das neueste Modell zu verfügen.

Die Abwertung hat nicht zum erwarteten Aufschwung geführt.

4)

Die Produktionskosten sind in Frankreich höher als in Japan.

Der Eiffelturm ist sehr hoch.

Wir kennen noch nicht die Höhe der Rechnung.

Die Höhe des Eiffelturms beträgt 318 Meter.

Kürzlich wurde die genaue Höhe des Mount Everest gemessen.

Der Umsatz weist eine negative Entwicklung auf.

Die Senkung der Zölle wird eine Entwicklung des Handels nach sich ziehen.

Volkswirtschaft wird an verschiedenen Universitäten unterrichtet.

Die Volkswirtschaften Frankreichs und seiner ehemaligen Kolonien sind eng miteinander verbunden.

Die Abwertung sollte positive Auswirkungen auf die Handelsbilanz haben.

Das Eigenkapital befindet sich auf der Passivseite der Bilanz.

Die Steuer wird direkt vom Gehalt abgezogen.

Alle Autofahrer werden von der neuen Steuer betroffen sein.

Der Überschuß der Handelsbilanz ist auf die schwache Währung zurückzuführen.

Der auf die Überproduktion zurückzuführende Getreideüberschuß wird vernichtet werden.

Die Gründung eines Unternehmens ist ein langwieriger Prozeß.

Die Journalisten warten auf das Ergebnis des Prozesses gegen den ehemaligen Minister.

Die wichtigsten statistischen Daten stehen im Jahresbericht.

Der Brief trägt das gestrige Datum.

Die Verabredung wurde auf 16 Uhr verschoben.

Die Zahlen stammen aus einem Bericht der OECD.

Die Zahl der Arbeitslosen ist von 2,5 auf 3 Millionen gestiegen.

Der Erdölpreis unterliegt starken Schwankungen.

Die Umweltschützer verlangen eine zusätzliche Besteuerung des Benzins.

Sie will einen Salat ohne Öl zubereiten.

Unser Warenlager ist 5 Millionen Schilling wert.

Es gibt im Lager keinen Platz mehr.

Die Ausbildung wird durch ein Praktikum im Ausland vervollständigt.

Er will seine Ausbildung an einem Gymnasium fortsetzen.

Die Bauern fordern ständig neue Subventionen.

Wir wollen unseren Urlaub bei einem Bauern in Tirol verbringen.

Die Privatisierung des Telekommunikationsbereichs wird in drei Jahren beendet sein.

1995 war ein ausgezeichnetes Jahr für die chinesische Wirtschaft.

Das Geschäftsjahr hat nicht die erhofften Ergebnisse erbracht.

In allen Ministerien wird man sparen müssen.

In Krisenzeiten sparen die Leute oft, anstatt zu konsumieren.

Jedermann weiß, daß man Ersparnisse haben muß, wenn es der Wirtschaft schlecht geht.

Der Computer ermöglicht beträchtliche Personaleinsparungen.

Die Inflation hat einen Rückgang des Sparens (der Sparquote) bewirkt.

Die neue Sparpolitik zielt darauf ab, das Budgetdefizit zu senken.

Der Vorstand hat die Absicht, die Satzung zu ändern.

Seit Beginn des Jahrzehnts haben sich die wirtschaftlichen Bedingungen geändert.

Die Briten lehnen jegliche Änderung des Abkommens ab.

Diese Meinungsänderung hat alle überrascht.

Ich habe nicht genug Bargeld bei mir, um bar zu zahlen.

Wenn Sie bar zahlen, gewähren wir Ihnen 5% Skonto.

Unser Unternehmen liefert seit einem Jahrhundert Qualitätsprodukte.

Wir liefern alle Waren frei Haus.

Da es sich um einen Fabrikationsfehler handelt, haftet der Lieferant.

Der Lieferant hat schon einen Tag Verspätung; er wurde an der Grenze aufgehalten.

Die Arbeitgeber hoffen, daß die Steuerlast bald erleichtert wird.

Der Beitritt zur WTO (World Trade Organization) hat den Zugang zu den ausländischen Märkten erleichtert.

Nachdem sie die Verhandlungen beendet hatten, fühlten sich alle Teilnehmer erleichtert.

Der Präsident wurde mit einer Mehrheit von 53% gewählt.

Ich habe noch nicht entschieden, wen ich wählen werde (für wen ich stimmen werde).

Die Daten wurden bei einer Pressekonferenz mitgeteilt.

Man erhält das Visum beim Konsulat.

Wir kaufen die Produkte direkt bei einem Bauern.

Die Inflation ist gegenüber Juli um 2 Prozentpunkte gestiegen.

Das Lager befindet sich gegenüber der Fabrik.

Die Politiker stehen einem wirtschaftlichen Desaster gegenüber.

Angesichts des wirtschaftlichen Desasters drängt sich eine Sparpolitik auf.

Während die Kosten gesunken sind, tendieren die Preise zum Steigen.

Holen Sie die Waren, während ich die Rechnung erstelle!

Man muß die Inlandsnachfrage ankurbeln, während man gleichzeitig mehr exportiert.

**5)**

Die Beschäftigtenzahl / der Personalstand unterliegt Schwankungen je nach Jahreszeit.

Die Personalabteilung verwaltet die Akten von mehr als tausend Arbeitnehmern.

Jeder vierte Arbeitnehmer ist Angestellter; die anderen sind Arbeiter.

Die Reform kann entweder die erwerbsfähige Bevölkerung oder die Pensionisten begünstigen.

Austauschprogramme vertiefen die Freundschaft zwischen den Völkern.

Das Wachstum der Weltbevölkerung beunruhigt viele Leute.

Die Einnahmen aus der Privatisierung dienen dazu, das Budgetdefizit auszugleichen.

Alle Arten von Einkommen unterliegen Steuern.

Unsere Produktpalette umfaßt unter anderem Katzen- und Hundefutter.

Derzeit besteht die EU aus 15 Mitgliedern.

Das neue Gesetz enthält weniger Verbote als das alte.

Wir möchten vermeiden, unnötige Steuern zu zahlen.

Die Hauptversammlung hat die vom Vorstand vorgeschlagene Erhöhung des Grundkapitals verhindert.

Die Erbschaft wurde mit 12 Millionen Pfund bewertet.

- Eine böse Überraschung für die Erben, die sie auf 20 Mio. geschätzt hatten.

Sie schätzen nun (= sind der Ansicht), daß der Notar sich in seinen Berechnungen geirrt hat.

Die schlechte Geschäftsführung der Gesellschafter hat Verluste verursacht (bewirkt) / nach sich gezogen.

Die Veröffentlichung dieser schlechten Ergebnisse hat (sofort) einen Kurssturz der Aktien hervorgerufen / ausgelöst.

Die schlechte Geschäftsführung hat also (indirekt) zum Kurssturz geführt / den Kurssturz nach sich gezogen.

Die Liberalisierung der Regelung hat einen Aufschwung des Detailhandels bewirkt / nach sich gezogen.

Der Beginn des Ausverkaufs hat einen Sturm auf die Qualitätsprodukte hervorgerufen / ausgelöst.

Einige / Manche Politiker verteidigen noch immer die Atomtests.

Sie behaupten, daß die Auswirkungen nur einige / ein paar kleine Inseln betreffen.

Trotzdem haben die Umweltschützer mehrere Demonstrationen angekündigt.

Im vorigen Jahr sind die Preise der Lebensmittel kaum gestiegen.

Im vorangegangenen Jahr (Im Jahr davor) war die Inflationsrate noch sehr hoch gewesen.

Im nächsten Jahr werden wir unsere Investitionen stark reduzieren.

Im darauffolgenden Jahr (Im Jahr danach) werden wir also über hohe Rücklagen verfügen.

Die Portogebühren sind zusätzlich zu bezahlen.

Außerdem müssen die Waren noch verzollt werden.

Dank der Marktstudie konnte das Unternehmen seine Wettbewerbsfähigkeit verbessern.

Wegen / Aufgrund der Konkurrenz werden wir keine neue Filiale gründen.

Die Leute kaufen aufgrund des Börsenaufschwungs immer mehr Aktien.

Der Generaldirektor mußte wegen / infolge Insider-Trading zurücktreten.

Im Notfall gewährt die Bank einen kurzfristigen Kredit.

Im Fall eines Überschusses werden wir die Preise senken; im Fall einer schlechten Ernte werden wir sie erhöhen.

6)

Die Gewinn- und Verlustrechnung ermöglicht es, den Gewinn oder den Verlust eines Unternehmens zu errechnen.

Die WTO (World Trade Organization) regelt den Welthandel.

Der Absatz von Software steigert sich rascher als der von Hardware.

Ein Defizit der Handelsbilanz bedeutet, daß der Import von Waren den Export übersteigt.

Die Verringerung der Beschäftigtenzahl / des Personalstands ist kein Wunder(heil)mittel.

Wir müssen versuchen, so schnell wie möglich unser gesamtes Lager abzusetzen.

Die Konservativen haben die letzte Parlamentswahl gewonnen.

7)

Die Rendite einer Investition hängt vom eingegangenen Risiko ab.

Die Auslagerung der Produktion ist für die Arbeitslosigkeit verantwortlich.

Der Chefredakteur selbst hat die Reportage geschrieben.

Hier sind die Ergebnisse der letzten Umfrage des französischen Statistischen Zentralamts.

Wir ersuchen Sie, uns (noch) vor Ende des Monats ein Angebot zu unterbreiten.

Der Nennwert einer Aktie ist niedriger als ihr Ausgabekurs.

Wir kennen nicht den Grund für diese Entscheidung des Verwaltungsrats.

Der Anteil der Dienstleistungen am BSP ist in den letzten Jahren ständig gestiegen.

Ein Teil unserer Kunden ist unzufrieden mit unserem Kundendienst.

Die RPR ist die (politische) Partei der Gaullisten in Frankreich.

Der Konzern besteht aus einer Holding(gesellschaft) und einer ganzen Reihe von Töchtern.

Worin besteht die Rolle der Abschlußprüfer in einer AG?

Sie üben eine gewisse Kontrolle über die Gebarung der Gesellschaft aus.

Die Inhaber von stimmrechtslosen Aktien erhalten / beziehen eine Vorzugsdividende.

'Excellence', das heißt Perfektion auf allen Gebieten / in allen Bereichen.

Man ist nicht reich mit einer Million Alter Francs, denn das entspricht nur 10.000 Neuen Francs.

China zählt / hat mehr als eine Milliarde Einwohner.

Er sprach vom Budget, ohne eine einzige Zahl zu nennen.

Diese Graphik zeigt die Entwicklung der Inflationsrate.

8)

Die Lage unserer Branche hat sich sehr verändert.

So hat sich unser Absatz im Laufe des letzten Geschäftsjahres verdoppelt.

Aber der unserer Konkurrenten hat sich sogar verdreifacht.

Der Umsatz der ganzen Branche steigt / erhöht sich weiterhin.

Außerdem sinkt / verringert sich die Verschuldung der Unternehmen.

Der Gewinn der drei Branchenleader wird heuer 5 Milliarden Dollar betragen.

Die Analysten erwarten, daß im nächsten Jahr eine neue Rekordzahl erreicht wird.

Man erwartet also einen regelrechten Boom.

9)

Die Kaufleute sind die Hauptnutznießer des Beitritts Österreichs zur EU. Dieser Beitritt ist auch der Industrie zugute gekommen. Andere Bereiche profitieren viel weniger davon.

Wir finanzieren unsere Expansion nach Osten nicht selbst. Die Geldgeber, die sie finanziert haben, haben unsere Finanzen gut kontrolliert, bevor sie uns diese Finanzierung gewährt haben.

Beim Erwerb eines Unternehmens erwirbt der Erwerber nicht nur die Gebäude und die Maschinen, sondern auch den Firmennamen. Die sozialen Errungenschaften der Belegschaft des Unternehmens, das er erworben hat, kann er jedoch in Frage stellen.

Die Gewerkschaften sehen sich als Förderer der Rechte der Arbeitnehmer. Sie tragen zu ihrem sozialen Aufstieg bei und fördern ihre Vertretung in den Unternehmen. Sie haben aber in der Vergangenheit nicht immer das Wirtschaftswachstum gefördert.

Wir lösen alle unsere Probleme legal, weil wir beschlossen haben, sie so zu lösen.

Die Verträge sind gestern abgeschlossen worden. Daraus schließe ich, daß alle Probleme gelöst sind.

Unser Partner hat uns eine Zahlungsfrist von 90 Tagen angeboten.

Je mehr sie erzeugen, desto mehr senken sie ihre Kosten.

10.a)

Die Verringerung des Preises für das Barrel Erdöl in den letzten drei Monaten wird jene günstige Konjunktur bringen, die die Regierung erhofft und die die Prognosen für das kommende Geschäftsjahr versprechen.

Der Konflikt zwischen dem Exporteur und dem Importeur bezüglich der Zölle hat keinerlei Einfluß auf den Gegenstand ihres Vertrags.

Der zyklische Charakter der Konjunktur ist eine charakteristische Auswirkung der kapitalistischen Mechanismen.

Die drei Hauptprojekte des Parlaments: Erstens, die Subventionen halbieren (= durch zwei dividieren); zweitens, das Gesetz über die Mehrwertsteuer revidieren; drittens, das Budget sanieren.

Die Beschäftigten der chemischen Industrie mit Medizin- oder Chemiediplom verlangen eine Anpassung ihrer Gehälter, um die Vorteile ihrer Kollegen, die Anwälte sind, zu kompensieren.

10.b)

Mein Assistent hat eine Tendenz in den meisten wirtschaftlichen Disziplinen (zum Beispiel in der Buchhaltung) festgestellt: Die Ausrüstungsgüter zählen mehr als die Arbeitnehmer.

Die Handelskorrespondenz verwendet eine eher eigentümliche Sprache.

Die Geschwindigkeit (= der Rhythmus) der wirtschaftlichen Entwicklung befriedigt die Regierung, aber ein Handelsbilanzüberschuß ist weiterhin etwas Außergewöhnliches.

10.c)

Die Kurse gewisser / mancher französischer Aktien interessieren auch die Amerikaner (und natürlich die Amerikanerinnen).

Die meisten Franzosen und sogar manche Französinnen lehnen es ab, einkaufen zu gehen (= Einkäufe zu machen).

Nationale Konflikte lassen soziale Unterschiede (= Ungleichheiten) vorübergehend vergessen.

Steuerreformen für eine gerechtere (= gleichere) Verteilung der Einkommen waren Teil der Wahlversprechen der Liberalen.

Der positive Saldo unserer Handelsbilanz ist auf unsere aktive Außenhandelspolitik und auf unsere konkurrenzfähigen und modernen Produkte zurückzuführen.

Man hat eine deutliche Erhöhung der Bruttoexporte festgestellt.

Das Steigen der Einkommen im öffentlichen Sektor / im öffentlichen Dienst hat die Angestellten des privaten Sektors empört.

Warum haben die dicken Bücher der wissenschaftlichen Experten niemals Erfolg?

- Weil das Publikum lieber die Zusammenfassungen in den Zeitschriften liest.

Die OPEC-Länder haben nicht mehr das Monopol für Erdöl.

Ich bin ein Spezialist für Informatik-Programme, und trotzdem habe ich Probleme mit meinem Betriebssystem.

10.d)

Wenn Sie sich an die Mitglieder des Personals wenden, verwenden Sie bitte deren berufliche Anschrift.

Unter unseren Aktionären haben wir sehr bekannte Persönlichkeiten und viele hohe Beamte, die unseren traditionellen Führungsstil schätzen.

Die letzte Etappe der Währungsunion bedeutet das Ende der nationalen Währungen und vielleicht auch des Protektionismus.

Er hat die Bestellung annulliert, weil das Produkt auf dem grauen Markt (= Parallelmarkt) billiger war.

10.e + 10.f)

Seit die Zinssätze steigen, kommen Kredite teuer - vor allem für Gesellschaften, die nicht an der Börse notieren.

Der Staatssekretär, der Erdöl um 75 französische Francs pro Barrel einkaufen will, hofft, daß es keine Probleme geben wird.

Einerseits sind Tausende Arbeitsplätze geschaffen worden, andererseits ist / bleibt die Arbeitslosigkeit weiterhin hoch.

Die Institutionen, die vom Staat geschaffen wurden, um das Französische zu verteidigen, schaffen neue Termini, die die Franzosen fast nie verwenden; man braucht aber diese Organisationen, die also nicht unnötige Ausgaben darstellen.

Unsere Public-Relations-Abteilung hat eine teure, aber vielversprechende Maßnahme erfunden: Sie kauft Fernsehanstalten, weil wir hoffen, daß unser Generaldirektor Premierminister werden könnte.

# Faux amis et pièges du français économique

## Traductions et commentaires

### 1) Faux amis
(Le mot ne signifie pas ce que l'on pourrait croire)

#### 1.a) allemand

| **la filiale** | ≠ | **la succursale** |
|---|---|---|
| *die Tochtergesellschaft* | | *die Filiale* |

**La filiale** est une société contrôlée par une société mère; mais c'est une société à part entière, qui a souvent une autre nationalité que la mère.
**La succursale** n'a pas d'autonomie; elle n'est qu'un établissement secondaire d'une entreprise, par exemple un point de vente. La succursale d'une banque s'appelle aussi **agence (f.)**.

| **la souscription** | ≠ | **la signature** |
|---|---|---|
| *die Zeichnung* | | *die Unterschrift*<br>*die Unterzeichnung* |

**La souscription**, c'est l'engagement, lors d'une émission de titres, d'en acquérir un certain nombre et de les payer le moment venu.
**souscrire (à) une action / un emprunt** = *eine Aktie / Obligation zeichnen*
**le délai de souscription** = *die Zeichnungsfrist*

| **la chance** | ≠ | **la possibilité** |
|---|---|---|
| *das Glück* | | *die Möglichkeit*<br>*die Chance* |

Remarque:

En français, le mot **chance** ne signifie **possibilité, probabilité** que lorsqu'il est employé au pluriel:

**il y a de fortes chances que** = *es ist sehr wahrscheinlich, daß*
**les chances de succès** = *die Erfolgschancen*
**l'égalité des chances** = *Chancengleichheit*

| **la démonstration** | ≠ | **la manifestation** |
|---|---|---|
| *die Beweisführung (mathematisch)* | | *die Demonstration (politisch)* |
| *die Vorführung (eines Gerätes)* | | |

**manifester** = *demonstrieren*; **une manif** = *eine Demo*

| **le concours** | ≠ | **la faillite** |
|---|---|---|
| *die Ausleseprüfung* | | *der Konkurs* |

**Un concours** est un examen où le nombre de candidats qui seront reçus est fixé à l'avance; les grandes écoles en France, mais aussi la fonction publique, recrutent **sur concours**.

**faire faillite** = *in Konkurs gehen*

| | | |
|---|---|---|
| **un index** | ≠ | **un indice** |
| *ein Register (in einem Buch)* | | *ein Index (statistisch)* |
| **l'index** | | |
| *der Zeigefinger* | | |

| | | |
|---|---|---|
| **triste** | ≠ | **grave**<br>**difficile**<br>**morose** |
| *traurig (Seelenzustand)* | | *trist (Lage, Situation)* |

Le mot français **triste** a subi un glissement de sens: le mot allemand *trist* ne signifie plus *traurig*, mais *trostlos, aussichtslos.*

| | | |
|---|---|---|
| **actuel** | ≠ | **d'actualité** |
| *derzeitig* | | *aktuell* |

**actuellement, à l'heure actuelle** = *derzeit*

| | | |
|---|---|---|
| **effectif** | ≠ | **efficace** |
| *tatsächlich* | | *effizient* |

| (conservatif) | ≠ | conservateur |
|---|---|---|
| *(konservativ)* *(Philosophie)* | | *konservativ* *(Politik, Einstellungen...)* |

**conservatif**: variante très rare, utilisée quelquefois en philosophie, jamais en politique

| (intensif) | ≠ | intense |
|---|---|---|
| *Intensiv-* *(Kurs etc.)* | | *intensiv* *(allgemein)* |

Chacune des deux variantes a son propre domaine, ses contextes typiques:

**un traitement intensif** = *eine Intensivbehandlung*
**un cours intensif** = *ein Intensivkurs*
**la culture intensive** = *die intensive Bodenbewirtschaftung*

mais:
**un sentiment intense** = *ein intensives Gefühl*
**une couleur intense** = *eine intensive Farbe*
**un froid intense** = *eine intensive Kälte*
**une douleur intense** = *ein intensiver Schmerz*
**un effort intense** = *eine intensive Anstrengung / Bemühung*

| forcer | ≠ | promouvoir encourager |
|---|---|---|
| *zwingen* | | *fördern* *forcieren* |

**forcer quelqu'un à faire quelque chose**
**être forcé de faire quelque chose**

| montrer | ≠ | représenter |
|---|---|---|
| *(mit einer Geste) zeigen*<br>*beweisen* | | *zeigen (im Sinne von darstellen)* |

On peut **montrer** quelque chose **du doigt**; on peut aussi **montrer** = **démontrer** quelque chose avec des preuves ou avec un raisonnement. Mais un symbole ou un graphique **représentent** des phénomènes réels.

| (repayer) | ≠ | rembourser |
|---|---|---|
| *wieder zahlen*<br>*noch einmal zahlen* | | *zurückzahlen* |

| tout le monde | ≠ | le monde entier |
|---|---|---|
| *alle Welt*<br>*alle Leute*<br>*jedermann* | | *die ganze Welt* |

**dans le monde entier** = *in / auf der ganzen Welt*

| la plupart des + pl. | ≠ | la plus grande partie de + sg. |
|---|---|---|
| *die meisten + Pl.* | | *der Großteil (von) + Sg.* |

p.ex. **la plupart des pays, la plus grande partie d'une somme**

Remarque:

**La plupart** ne s'emploie qu'avec les noms au pluriel, ou plus précisément, avec les noms qui sont des pluriels véritables (choses que l'on peut compter). Des mots comme **les recettes, les effectifs**, etc. (voir p.35) ne sont pluriels que par la forme, et ne peuvent donc pas se combiner avec **la plupart**: ~~**la plupart des recettes, des bénéfices, des effectifs**~~, mais: **la plus grande partie des recettes, des bénéfices, des effectifs.**

| | | |
|---|---|---|
| **alors** | ≠ | **donc** |
| *dann* | | *also* |
| *(temporal)* | | *(konsekutiv)* |

| | | |
|---|---|---|
| **après** | ≠ | **d'après, selon** |
| *nach* | | *laut, gemäß* |
| *(temporal)* | | *nach Meinung von* |
| *nachher, danach* | | |

| | | |
|---|---|---|
| **avant** | ≠ | **il y a** |
| *vor* | | *vor* |
| *(+ Zeitpunkt od. Ereignis)* | | *(+ Zeitraum)* |
| *vorher, davor* | | |

**avant la guerre** = *vor dem Krieg*
**avant 1938** = *vor 1938*
**il y a 60 ans** = *vor 60 Jahren*
**pendant la guerre et avant / après**
= *während des Krieges und davor / danach*

## 1.b) anglais

| | | |
|---|---|---|
| **supporter** | ≠ | **soutenir** |
| *ertragen, aushalten (Unangenehmes)* | | *unterstützen* |
| | | angl. *to support* |

**soutenir quelqu'un** = *jemanden (z.B. finanziell) unterstützen*

| | | |
|---|---|---|
| **user** | ≠ | **utiliser**<br>**se servir de** |
| *abnützen* | | *(be)nützen*<br>*verwenden* |
| | | angl. *to use* |

mais:
**user de quelque chose** = *etwas anwenden,*
p.ex. **user de créativité** = *Kreativität entfalten, einsetzen*

| | | |
|---|---|---|
| **visiter (quelque chose)** | ≠ | **rendre visite à, aller voir (quelqu'un)** |
| *(etwas) besichtigen* | | *(jemanden) besuchen* |
| | | angl. *to visit (someone)* |

| | | |
|---|---|---|
| **attendre** | ≠ | **fréquenter (une école)** |
| *warten (auf)* | | *(eine Schule) besuchen* |
| | | angl. *to attend (a school)* |

| | | |
|---|---|---|
| **quitter qn./qch.** | ≠ | **partir** |
| *jn. / etwas verlassen* | | *fortgehen* |
| | | angl. *to quit* |

| | | |
|---|---|---|
| **joindre qn.** | ≠ | **adhérer à** |
| *jn. erreichen* | | *beitreten zu* |
| | | angl. *to join* |

**l'adhésion (f.) à** = *der Beitritt zu*
**un adhérent** = *ein Mitglied*
(mais: *Mitglied von... sein* = **être membre de...**)

| | | |
|---|---|---|
| **la compétition** | ≠ | **la concurrence** |
| *der (sportliche) Wettbewerb* | | *die Konkurrenz*<br>*der Wettbewerb (Wirtschaftsleben)* |
| | | angl. *competition* |

**la concurrence déloyale** = *der unlautere Wettbewerb*
**la distorsion de concurrence** = *die Wettbewerbsverzerrung*

mais:
**la compétitivité** = *die Wettbewerbsfähigkeit, die Konkurrenzfähigkeit*
**compétitif** = *wettbewerbsfähig, konkurrenzfähig*
(Voir aussi p.51.)

| | | |
|---|---|---|
| **la monnaie** | ≠ | **l'argent** |
| *die Währung* | | *Geld* |
| | | angl. *money* |

**L'argent** signifie aussi *Silber.*

**la petite monnaie** = *Kleingeld, Wechselgeld*
**Vous avez la monnaie?** = *Haben Sie's klein?*
**rendre la monnaie** = *herausgeben,*
p.ex. **«Cet appareil ne rend pas la monnaie.»**

| | | |
|---|---|---|
| **les coins (m.pl.)** | ≠ | **les pièces de monnaie (f.pl.)** |
| *die Ecken* | | *die Münzen* |
| | | angl. *coins* |

**les billets de banque** = *Banknoten, Geldscheine, Papiergeld*

| | | |
|---|---|---|
| **le peuple** | ≠ | **les gens** |
| *das Volk* | | *die Leute* |
| | | angl. *people* |

| | | |
|---|---|---|
| **(Dû à)** | ≠ | **Par suite de**<br>**En raison de** |
| *der zurückzuführen ist auf*<br>*der zurückgeht auf* | | *Infolge*<br>*Aufgrund* |
| | | angl. *Due to* |

En français, **dû à / due à / dus à / dues à** dispose toujours d'un sujet à lui, qui peut facilement être identifié: **quelque chose est dû à quelque chose.**

**Le chômage est dû à la désinflation** = *Die Arbeitslosigkeit ist auf die Desinflation zurückzuführen.*

**Le chômage, dû à la désinflation...** (ou: **Dû à la désinflation, le chômage...**) = *die Arbeitslosigkeit, die auf die Desinflation zurückzuführen ist...*

**1.c) français**

| | | | |
|---|---|---|---|
| | **élevé**<br>*hoch (Wert)* | | |
| mais: | **élever qch.** | ≠ | **relever, augmenter qch.** |
| | *etwas errichten,*<br>*erziehen, züchten* | | *etwas erhöhen,*<br>*anheben, steigern* |
| | **s'élever à** | ≠ | **s'accroître, augmenter (pour passer à)** |
| | *betragen* | | *sich erhöhen, steigen (auf)* |

**élever un monument**
**élever des enfants, élever des moutons**
**relever / augmenter un impôt, un taux**

*betragen* =
**s'élever à, se monter à, être de**

*sich erhöhen / steigen*
*um X von Y auf Z* =
**augmenter / s'accroître**
**de X pour passer de Y à Z**

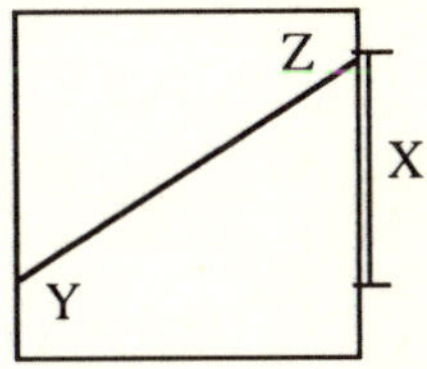


Voir aussi pp.38-39.

**les causes et les effets**

*die Ursachen und die Wirkungen*

| | | | |
|---|---|---|---|
| mais: | **effectuer** | ≠ | **causer** |
| | | | *verursachen* |
| | *durchführen* | | *bewirken* |
| | *vornehmen* | | |
| | | | **entraîner** |
| | | | *nach sich ziehen* |

Voir aussi p.31.

## 2) Barbarismes
**(Mots qui paraissent français mais qui ne le sont pas)**

| | | |
|---|---|---|
| ~~**solver**~~ | → | **résoudre** |
| | | *lösen* |
| | | angl. *to solve* |

**la solution** = *die Lösung*

Voir aussi p.41.

| | | |
|---|---|---|
| ~~protecter~~ | → | **protéger**<br>*schützen*<br>angl. *to protect* |

**la protection** = *der Schutz*

| | | |
|---|---|---|
| ~~expresser~~ | → | **exprimer**<br>*ausdrücken*<br>angl. *to express* |

**l'expression (f.)** = *der Ausdruck*

| | | |
|---|---|---|
| ~~expecter~~ | → | **s'attendre à (+ nom ou infinitif)**<br>**s'attendre à ce que (+ phrase au subj.)**<br>*erwarten*<br>angl. *to expect* |
| ~~les expectations~~ | → | **les attentes**<br>*die Erwartungen*<br>angl. *expectations* |

La racine **expect-** n'existe en français que dans quelques rares expressions: **être / rester dans l'expectative** = *abwarten.*

*erwartet* (Adj.) = **prévu**
p.ex. *die erwarteten Ergebnisse* = **les résultats prévus**

| | | |
|---|---|---|
| ~~une place de travail~~ | → | **un emploi**<br>*ein Arbeitsplatz* |

**un emploi** = *ein Arbeitsplatz* (**un poste** = *ein Posten*)
**l'emploi** = *die Beschäftigung (Wirtschaftsfaktor)*

**le marché de l'emploi / du travail** = *der Arbeitsmarkt*

| | | |
|---|---|---|
| ~~une investition~~ | → | **un investissement**<br>*eine Investition* |

| | | |
|---|---|---|
| ~~la balance de performance~~ | → | **la balance des opérations courantes**<br>*die Leistungsbilanz* |

**balance** ≠ **bilan**: voir p.20

| | | |
|---|---|---|
| ~~le spéditeur~~ | → | **le transporteur**<br>*der Spediteur* |

| | | |
|---|---|---|
| ~~financiel~~ | → | **financier, -ière**<br>*finanziell* |

Pour le verbe **financer** (= *finanzieren*), voir p.40.

| | | |
|---|---|---|
| ~~**optimistique**~~ | → | **optimiste (adj.)**<br>*optimistisch* |

| | | |
|---|---|---|
| ~~**théorétiquement**~~ | → | **théoriquement (adv.)**<br>*theoretisch* |

| | | |
|---|---|---|
| ~~**cettes**~~ | → | **ces (f.pl.)**<br>*diese (f.pl.)* |

Au pluriel, comme les articles et les adjectifs possessifs, les adjectifs démonstratifs français ne distinguent pas le masculin et le féminin.

| | | |
|---|---|---|
| ~~**de(s) différents**~~ | → | **différents**<br>*verschiedene* |
| ~~**de(s) divers**~~ | → | **divers**<br>*diverse* |
| mais: | **de nombreux**<br>*zahlreiche* | |

**Différents** et **divers** ne prennent pas d'article, parce qu'ils fonctionnent eux-mêmes comme des articles (et non pas comme des adjectifs); à comparer avec **plusieurs, quelques, certains,** etc. (voir p.32), qui ont le même statut.

| | | |
|---|---|---|
| ~~d'un côté,...~~<br>~~d'autre côté,...~~ | → | **d'un côté,...**<br>**de l'autre,...**<br><br>*einerseits...*<br>*andererseits...* |

Une expression équivalente: **d'une part,... / d'autre part,...** (quelquefois aussi: **d'une part,... / de l'autre,...**).
Une faute typique: ~~**de l'autre côté**~~.

*Andererseits,* wenn es nicht mit *einerseits* kombiniert ist:
**D'autre part,...** mais aussi: **D'un autre côté,...**

| | | |
|---|---|---|
| ~~10 Miu ATS~~ | → | **10 millions de schillings** |
| | | *10 Millionen Schilling* |
| ~~20 Mrds $~~ | → | **20 milliards de dollars** |
| | | *20 Milliarden Dollar* |

Les **millions** et les **milliards** s'écrivent d'habitude en toutes lettres. À la différence des autres nombres (p.ex. **trois mille_francs**), ils prennent toujours un **de**.

On trouve aussi quelquefois (mais rarement) l'abréviation **MF** pour **millions de francs** (surtout dans des tableaux et dans des textes où il y a beaucoup de chiffres).

Les noms de monnaies se mettent au pluriel lorsqu'il s'agit de plus d'une unité; ce qui est logique, mais différent de la pratique allemande de laisser la monnaie au singulier à moins qu'il s'agisse de pièces (*100 Schilling ≠ 100 Schillinge*; en français: **100 schillings**).

**Expressions qui ne s'emploient pas par écrit:**

| | | |
|---|---|---|
| **(ça)** | → | **cela**<br>*dies, das (Pron.)* |

| | | |
|---|---|---|
| **(pour ça)** | → | **c'est pourquoi**<br>*daher, deswegen* |

| | | |
|---|---|---|
| **(Quand même)** | → | **Malgré cela**<br>**cependant**<br>**pourtant**<br>*trotzdem* |

Il est possible d'employer **quand même** à l'écrit, mais jamais en tête de phrase et uniquement juste après le verbe:

**Le chômage a diminué, mais la situation reste quand même inquiétante.**

Parmi les trois équivalents, **malgré cela** ne s'emploie qu'en tête de phrase; **cependant** et **pourtant** sont plus mobiles.

À l'oral, **quand même** s'utilise fréquemment, avec des nuances diverses:

**Quand même, tu exagères!** = *Also wirklich, du übertreibst!*
**Tu ne vas quand même pas lui dire la vérité!** = *Du wirst ihm doch nicht die Wahrheit sagen!*
**Vous auriez quand même pu faire attention!** = *Ihr hättet wirklich / immerhin aufpassen können!*

### 3) **À éviter**
**(Tournures calquées sur l'allemand)**

| | |
|---|---|
| **(on peut distinguer)** → | **on distingue** |
| *man kann unterscheiden* | *man unterscheidet* |
| **(on peut constater)** → | **on constate** |
| *man kann feststellen* | *man stellt fest* |

Le français est plus direct que l'allemand dans ce genre de tournures.

Expressions analogues: **on remarque / on voit que...**
(et non pas: ~~**on peut remarquer**~~ / ~~**on peut voir que...**~~).

| | |
|---|---|
| **(être dépendant de)** → | **dépendre de** |
| *abhängig sein von* | *abhängen von* |

| | |
|---|---|
| **(rendre possible)** → | **permettre** |
| *(möglich machen)* | *ermöglichen* |

**rendre possible quelque chose** = *etwas in den Bereich des Möglichen rücken:* **une politique qui rend le plein emploi possible**
Jamais: ~~**rendre possible de + inf.**~~, ~~**rendre possible que...**~~

Dans le sens de *ermöglichen*, **rendre possible** s'emploie surtout au passif:
**Les subventions publiques ont permis la construction du nouvel opéra.**
Mais: **La construction du nouvel opéra a été rendue possible par les subventions publiques.**

| **(mener à)** | → | **conduire à, entraîner** |
|---|---|---|
| *an einen Ort führen* | | *zu etwas führen* |
| *zu etwas (Schlechtem) führen* | | *etwas nach sich ziehen (konsekutiv)* |
| *in etwas münden* | | |

En général, pour l'expression d'une conséquence, il vaut mieux éviter **mener à**; il est conseillé d'utiliser plutôt **conduire à** ou **entraîner** (voir aussi p.31).

Emplois typiques de **mener à**:
**mener à** un lieu: **tous les chemins mènent à Rome**
**mener à** un point final, à un résultat définitif:
**mener à la catastrophe / à la débâcle**
**cela ne mène à rien / cela ne mène nulle part**

**mener quelque chose à terme**
= *etwas abschließen, zu Ende führen*
**mener quelque chose à bien**
= *etwas erfolgreich durchführen, zum Erfolg führen*

## 4) Deux (ou plusieurs) mots français pour un mot allemand

| **haut** | ≠ | **élevé** |
|---|---|---|
| *hoch (Gebäude, Berge etc.)* | | *hoch (Zahlen, Werte etc.)* |

**haut** pour les objets matériels, **élevé** pour les nombres

mais:
**le haut niveau** ou **le niveau élevé des salaires, du chômage, des impôts** (voir p.19)
**le haut degré de pénétration du marché**
**les hautes études**
**un haut fonctionnaire**

| | | | | |
|---|---|---|---|---|
| **la hauteur** | ≠ | **le montant (d'une somme)** | ≠ | **l'altitude** |
| *die Höhe (Gebäude, Baum...)* | | *die Höhe (einer Summe), der Betrag* | | *die Seehöhe* |

**la hauteur d'un objet** **le montant d'une somme**
**l'altitude d'une montagne, d'un point géographique**
**C'est le comble!** = *Das ist die Höhe!*

Dans d'autres domaines, on traduit *Höhe* par une expression complexe: **le niveau élevé (le haut niveau) d'un pourcentage, d'un taux, d'un indicateur économique** (voir p.18).

**à hauteur de** (+ chiffre) = *in Höhe von* (+ Zahl)
**être à la hauteur de qch.** = *einer Sache gewachsen sein*

| | | |
|---|---|---|
| **un développement** | ≠ | **une évolution** |
| *eine Entwicklung (Ausweitung, Wachstum, Fortschritt)* | | *eine Entwicklung (Schwanken von Faktoren über einen Zeitraum)* |

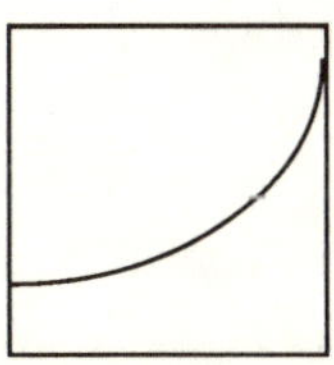

Un phénomène qui **se développe** devient toujours plus ample, plus vaste, plus complexe: **le développement de la dette, le développement économique, un pays en voie de développement.**
On ne parle ni de ~~**développement positif**~~ ni de ~~**développement négatif**~~.

Le mot **évolution** signifie: variation dans le temps. C'est un terme neutre. C'est pourquoi on peut parler d'une **évolution positive** ou d'une **évolution négative**.

| **une économie nationale** | ≠ | **l'économie politique** |
|---|---|---|
| *eine Volkswirtschaft (= die Wirtschaft eines Landes)* | | *die Volkswirtschaft (= Volkswirtschaftslehre)* |

| **la balance** | ≠ | **le bilan** |
|---|---|---|
| *die Bilanz (i.d. Volkswirtschaft) (z.B. Handelsbilanz)* | | *die Bilanz (i.d. Betriebswirtschaft) (Unternehmensbilanz)* |

**la balance commerciale** = *die Handelsbilanz*
**la balance des services** = *die Dienstleistungsbilanz*
**la balance des transferts** = *die Transferbilanz*

**la balance des opérations courantes** = *die Leistungsbilanz*

**la balance des paiements** = *die Zahlungsbilanz*

| **un impôt** | ≠ | **une taxe** |
|---|---|---|
| *eine Steuer* | | *eine Steuer<br>eine Gebühr<br>eine Abgabe* |

**L'impôt** dépend du revenu, **la taxe** dépend de la consommation.

**l'impôt sur le revenu** = *Einkommensteuer, Lohnsteuer*
**l'impôt sur les sociétés** = *Körperschaftsteuer*
**l'impôt sur la fortune** = *Vermögensteuer*

**la taxe à la / sur la valeur ajoutée**
= *Mehrwertsteuer (Umsatzsteuer)*
**la taxe sur les chiens** = *Hundesteuer*
**la taxe téléphonique** = *Telefongebühr*

| | | |
|---|---|---|
| **un surplus** | ≠ | **un excédent** |
| *ein Überschuß (an Waren)* | | *ein Überschuß (in einer volksw. Bilanz)* |

**un excédent:** le solde positif d'une balance (contraire: **un déficit**);
p.ex. **un excédent du commerce extérieur**

**un surplus**: trop dc production, trop dc marchandiscs;
p.ex. **un surplus agricole**

| | | |
|---|---|---|
| **le procès** | ≠ | **le processus** |
| *der Prozeß (juristisch)* | | *der Vorgang, der Prozeß (chemisch, technisch, administrativ)* |

| | | | | |
|---|---|---|---|---|
| **la date** | ≠ | **les données** | ≠ | **(un rendez-vous)** |
| *das Datum* | | *die Daten (Informationen)* | | *eine Verabredung (privat oder beruflich) ein Termin*<br>angl. *date* |

**le traitement (informatique) des données** = *EDV*

| **le chiffre** | ≠ | **le nombre** |
|---|---|---|
| *die Zahl (in einer Tabelle oder Statistik)* | | *die Zahl* *die Anzahl* |
| *die Ziffer* | | |

**un chiffre**: une valeur dans une statistique ou un tableau; souvent au pluriel:
**Les chiffres fournis par le ministère sont faux.**
**Les auteurs ne donnent pas de chiffres précis.**
**...20 milliards de francs. Ce chiffre indique que...**

**le chiffre d'affaires (le CA)** = *der Umsatz*

**les chiffres** (comme en allemand): 0, 1, 2, 3, 4, 5, 6, 7, 8, 9
**Un nombre** est une suite de **chiffres**:
le **nombre** 3614 est composé des **chiffres** 3, 6, 1 et 4.

**le nombre**: le nombre de quelque chose, p.ex. **le nombre de victimes** *(...von Opfern)* / **le nombre des victimes** *(...der Opfer)*

**nombre de** = de nombreux = *zahlreiche*
**Nombre de personnes sont à la recherche d'un emploi.**

| **l'huile (f.)** | ≠ | **le pétrole** | ≠ | **l'essence (f.)** |
|---|---|---|---|---|
| *Öl (Speiseöl)* | | *Erdöl* | | *Benzin* |

Attention à l'orthographe: **p<u>é</u>trol<u>e</u>** (voir pp.52, 58).

| **les stocks** | ≠ | **le dépôt** **l'entrepôt (m.)** |
|---|---|---|
| *das Lager (= Lagerbestände)* | | *das Lager (= Lagerhaus)* |

**stocker / entreposer quelque chose** = *etwas lagern*
**être stocké / entreposé** = *lagern* i. Sinne v. *im Lager liegen*
**les stocks**: voir aussi p.35

| **l'éducation (f.)** | ≠ | **la formation** |
|---|---|---|
| *die (schulische) Bildung* | | *die (berufliche) Bildung* |
| *die Erziehung* | | *die Ausbildung* |

| **un paysan, un fermier** | ≠ | **un agriculteur** |
|---|---|---|
| *ein Bauer* | | *ein Landwirt* |
| *(Allgemeinsprache)* | | *(Fachsprache)* |

En allemand, on parle du groupe social et politique en utilisant le terme du langage général, *die Bauern*. En français, on utilise dans ce contexte le terme technique, **les agriculteurs**.

Remarque:
**un paysan**: quelqu'un qui travaille dans l'agriculture
**un fermier**: quelqu'un qui exploite une ferme

| **un an** | ≠ | **une année** | ≠ | **un exercice** |
|---|---|---|---|---|
| *ein Jahr* | | *ein Jahr* | | *ein Geschäftsjahr* |
| *(als Zähleinheit)* | | *(als Zeitraum)* | | |

**Un an**, c'est une unité qui ne sert qu'à être comptée (pensez à des «paquets fermés»: on s'intéresse à leur nombre, mais pas à ce qu'ils contiennent):
**j'ai vingt ans**
**il y a trois ans**

**Une année**, c'est un «paquet ouvert»; on considère ce qui s'est passé une certaine année. Comment a été l'année en question?
**une année difficile**
**les trois plus belles années de ma vie**

**Un exercice**, c'est la période qui sépare deux bilans successifs d'une entreprise; en général, 12 mois (pas toujours!). L'exercice ne commence pas forcément au mois de janvier.
Attention à l'orthographe: **exercice** (voir p.43).

| **épargner** | ≠ | **économiser** |
|---|---|---|
| *sparen* (= *ansparen*) | | *sparen* (= *einsparen*) |

**économiser = faire des économies**
(sens 2 de **économies**, voir ci-dessous):
utiliser moins (p.ex. moins d'énergie), dépenser moins d'argent

On peut **économiser** beaucoup sans jamais **épargner**.

**épargner**: mettre de l'argent de côté,
par exemple sur **un livret d'épargne** (= *Sparbuch*)

Lorsque **j'épargne**, je constitue **des économies** dans le sens de *Ersparnisse* (sens 1 de **économies**, voir ci-dessous).

| **l'épargne (f.sg.)** | ≠ | **les économies (f.pl.)** |
|---|---|---|
| *das Sparen* (*als Tätigkeit und als Wirtschaftsfaktor*) | | *1) die Ersparnisse* (*als Ergebnis*)<br>*2) die Einsparungen* |
| **une politique de rigueur, d'austérité** | | |
| *eine Sparpolitik* | | |

**Les économies**, c'est un mot qui a deux sens différents:
1) **avoir des économies**: résultat de **l'épargne**
2) **faire des économies** = *einsparen (weniger ausgeben)*
Le verbe **économiser** ne correspond qu'au sens 2, voir ci-dessus.

**des mesures de rigueur / d'austérité** = *Sparmaßnahmen*
**un programme de rigueur / d'austérité**
= *Sparprogramm, Sparpaket*

| | | |
|---|---|---|
| **changer (sans complément)** | ≠ | **modifier quelque chose** |
| *sich (ver)ändern* | | *etwas (ver)ändern* |

**quelque chose change**
mais:
**quelqu'un modifie quelque chose**

Utilisé avec complément, **changer** change de sens:
**changer de quelque chose** = *etwas wechseln*
**changer d'emploi, de métier, d'adresse**

**changer quelque chose,**
p.ex. **changer de l'argent, changer 100 francs**
= *Geld / 100 Francs wechseln, umtauschen*

**se changer** = *sich umziehen*

Voir aussi p.38.

| | | |
|---|---|---|
| **un changement** | ≠ | **une modification** |
| *eine Veränderung, ein Wechsel, ein Wandel (betr. das Ganze)* | | *eine Veränderung, eine Abänderung (betr. einen Teil)* |

**la modification d'une loi, d'un texte** (concerne par exemple un paragraphe)
**être opposé à la moindre modification**

**la volonté de changement** (en politique)
**un changement de programme**
**un changement de cap** (**le cap** = *das Ziel, die Richtung*)
**un changement profond, fondamental**

| | | |
|---|---|---|
| **payer (au) comptant** | ≠ | **payer en espèces, en liquide** |
| *bar zahlen (= sofort zahlen)* | | *bar zahlen (= mit Bargeld zahlen)* |

**payer en espèces / en liquide**: avec des billets de banque et / ou de la petite monnaie

**payer (au) comptant**: payer tout de suite (c'est-à-dire à réception de la facture, au plus tard dans les quinze jours qui suivent)

Un chèque permet de **payer (au) comptant** sans **payer en espèces / en liquide**.

| | | |
|---|---|---|
| **livrer** | ≠ | **fournir** |
| *liefern (= anliefern)* | | *liefern (= beliefern)* |

| | | |
|---|---|---|
| **un livreur** | ≠ | **un fournisseur** |
| *ein Lieferant (= Spediteur, Zusteller)* | | *ein Lieferant (= Zulieferbetrieb)* |

**Le fournisseur** produit la marchandise, **le livreur** la transporte.

| | | | | |
|---|---|---|---|---|
| **alléger** | ≠ | **faciliter** | ≠ | **soulager** |
| *erleichtern (gewichtsmäßig)* | | *erleichtern (technisch)* | | *erleichtern (seelisch)* |

**alléger**: léger - lourd (*leicht - schwer*)
**faciliter**: facile - difficile (*leicht - schwierig*)
**soulager**: inquiet - soulagé (*besorgt - erleichtert*)

| | | |
|---|---|---|
| **voter (pour quelqu'un)** | ≠ | **élire (quelqu'un)** |
| *wählen (= seine Stimme abgeben)* | | *wählen (= per Wahl in ein Amt rufen)* |

Une collectivité peut **élire** quelqu'un. Un simple **électeur** ne peut que **voter pour** le candidat de son choix. Ce n'est pas parce qu'il a **voté pour** un certain candidat que celui-ci **sera** forcément **élu**. **Etre élu**, c'est obtenir la majorité des voix.

**une voix** = *eine Stimme*
mais:
**le droit de vote** = *das Stimmrecht*
**le vote** = *die Abstimmung*

| | | | | |
|---|---|---|---|---|
| **chez** | ≠ | **auprès de** | ≠ | **lors de à l'occasion de** |
| *bei (einer Person zu Hause, im Geschäft...)* | | *bei (einer Institution, Gruppe...)* | | *bei (= anläßlich)* |

**solliciter un crédit auprès d'une banque** = *bei einer Bank um einen Kredit ansuchen / einen Kredit beantragen*
**solliciter une subvention auprès d'un ministère** = *bei einem Ministerium um eine Subvention ansuchen / eine Subvention beantragen*

**un sondage, une enquête auprès d'une population** = *eine Umfrage bei einer Bevölkerung(sgruppe)*

**un succès auprès des clients** = *ein Erfolg bei den Kunden*

**Il est adjoint auprès du directeur** = *Er ist Assistent des Direktors.*

| **en face de** <br> **vis-à-vis de** | ≠ | **par rapport à** | ≠ | **(face à)** |
|---|---|---|---|---|
| *gegenüber* <br> *(Personen, Orten)* | | *gegenüber* <br> *(= im Vergleich zu,* <br> *im Verhältnis zu)* | | *angesichts* |

**En face de** s'utilise uniquement pour le lieu (question: où?).

**Vis-à-vis de** peut être utilisé pour un lieu, mais aussi pour une **attitude vis-à-vis de quelqu'un ou de quelque chose**.

**se trouver face à qch. (une situation, un problème...)**
*= etwas (einer Situation, einem Problem...) gegenüberstehen*

| **pendant que** | ≠ | **tandis que** <br> **alors que** | ≠ | **tout en** <br> **+ participe prés.** <br> **(= tout + gérondif)** |
|---|---|---|---|---|
| *während* <br> *(temporal)* | | *während* <br> *(adversativ)* | | *während gleich-* <br> *zeitig* |

**pendant que**: deux actions qui se passent en même temps

**tandis que, alors que**: opposition entre deux faits

**Ils ont baissé les coûts tout en augmentant les prix** *(= Sie haben die Kosten gesenkt und dabei gleichzeitig die Preise erhöht)*: une même personne (un même sujet) fait deux choses à la fois - deux choses qui pourraient paraître incompatibles.

## 5) Distinguez bien!
**(Nuances subtiles, mais identiques en allemand)**

| les effectifs | ≠ | le personnel | ≠ | les salariés | ≠ | les employés | ≠ | la population active |
|---|---|---|---|---|---|---|---|---|
| *die Beschäftigtenzahl, der Personalstand* | | *das Personal* | | *die Beschäftigten, die Arbeitnehmer* | | *die Angestellten* | | *die erwerbsfähige Bevölkerung* |

**les effectifs**: voir aussi p.35

**Les ouvriers** (= *Arbeiter*) et **les employés** sont **des salariés.**
**les ouvriers, les employés, les salariés**: voir aussi p.46

**La population active** regroupe **la population active occupée** (= *erwerbstätige Bevölkerung*) et les chômeurs.

| le peuple | ≠ | la population |
|---|---|---|
| *das Volk* | | *die Bevölkerung* |

| le revenu | ≠ | les recettes (f.pl.) |
|---|---|---|
| *das Einkommen*<br>*die Einkünfte* | | *die Einnahmen* |

**les recettes** - contraire: **les dépenses (f.pl.)** = *die Ausgaben*

On distingue différents types de **revenus**:
**les salaires, les bénéfices, les intérêts...**

Attention à l'orthographe: **reven<u>u</u>** (voir p.52).

| **comprendre** ≠ | **être constitué de** ≠ | **contenir** |
|---|---|---|
| *umfassen (Menge - Elemente)* | *bestehen aus (Ganzes - alle Teile)* | *enthalten (Gefäß - Inhalt)* |

**le contenu** = *der Inhalt (Gefäß, Text...)*

Avec **être constitué de**, il faut mentionner tous les constituants, qui peuvent être très différents:
**Un ordinateur est constitué d'une unité centrale, d'un écran et d'un clavier** = *Ein Computer besteht aus einer Zentraleinheit, einem Bildschirm und einer Tastatur.*

Avec **comprendre**, on est libre de ne mentionner que quelques-uns des éléments, et on considère qu'ils sont de la même nature:
**Le contrat comprend deux clauses monétaires** = *Der Vertrag umfaßt zwei Währungsklauseln.*

**y compris** = *einschließlich, inklusive*

| **éviter** ≠ | **empêcher** |
|---|---|
| *vermeiden* | *verhindern* |

On **évite** (soi-même) de faire quelque chose.
**Éviter** signifie aussi *ausweichen.*

On **empêche** quelqu'un d'autre de faire quelque chose.
On **empêche** quelque chose (d'arriver).

**éviter que (+ subj.)**:
**éviter que quelque chose n'arrive**

**empêcher que (+ subj.)**:
**empêcher que quelqu'un ne fasse quelque chose**

(Remarquez le **ne** explétif dans les deux dernières constructions!)

| **évaluer** | ≠ | **estimer** |
|---|---|---|
| *bewerten* | | *schätzen* |

**Évaluer quelque chose** (p.ex. une entreprise), c'est lui assigner (= *zuweisen*) une valeur définitive.

**Estimer quelque chose**, c'est exprimer une supposition sur sa valeur.
**estimer quelqu'un**: accorder beaucoup de valeur à une personne
**estimer que (+ ind.)**: penser, être d'avis que

| **conduire à** > | **entraîner** > | **causer** > | **provoquer** > | **déclencher** |
|---|---|---|---|---|
| *zu etwas führen* | *nach sich ziehen* | *(etwas Negatives) verursachen bewirken* | *(etwas Negatives) hervorrufen* | *auslösen* |

Ces cinq termes se trouvent dans un ordre qui va de la cause la plus indirecte à la plus directe. Ils ne sont pas strictement distincts; leurs sens se recoupent plutôt deux par deux. Par exemple:
**conduire à ≈ entraîner**,
et **entraîner ≈ causer**,
mais **conduire à ≠ causer**.

**conduire à**: cause lointaine, indirecte;
erreur à éviter: ~~**mener à**~~ dans le sens de *zu etwas führen, etwas nach sich ziehen* (voir p.18)

**entraîner**: cause qui peut être indirecte ou non; terme très employé parce que polyfonctionnel

**causer**: cause plus directe que *conduire à* et moins directe que *provoquer* et *déclencher*; par opposition à *entraîner*, **causer** s'emploie uniquement avec des conséquences négatives: **causer des dépenses, causer des dégâts, causer la mort de quelqu'un**

**provoquer**: presque aussi direct que *déclencher*; le plus souvent avec quelque chose de négatif: **provoquer un choc, une crise, une réaction, des pertes**...
erreur à éviter: ~~**provoquer**~~ pour une cause indirecte ou avec quelque chose de positif: ~~**provoquer une augmentation des bénéfices**~~

**déclencher**: cause immédiate; quelqu'un «appuie sur un bouton»: **déclencher un plan, un mouvement**;
quelquefois il s'agit de «la goutte qui fait déborder le vase»
(= *der Tropfen, der das Faß zum Überlaufen bringt*):
**C'est un attentat qui a déclenché la guerre.**

| quelques | ≠ | certains | ≠ | plusieurs |
|---|---|---|---|---|
| *einige (= ein paar, wenige)* | | *einige (= manche, gewisse, bestimmte)* | | *mehrere* |

**Quelques** et **certains** signifient tous les deux qu'il n'y a pas beaucoup d'éléments. Mais leur équivalent allemand *einige* a deux nuances de sens différentes:

**quelques** suggère qu'il y en a peu, que leur nombre n'est pas à prendre au sérieux (negative Bewertung der Anzahl);

**certains** signifie qu'il ne s'agit pas de n'importe lesquels (nicht beliebig).

| dernier (/ passé) | ≠ | précédent |
|---|---|---|
| *voriger* | | *vorheriger*<br>*vorangegangener* |
| **prochain** | ≠ | **suivant** |
| *nächster*<br>*kommender* | | *folgender*<br>*darauffolgender* |

**l'année dernière / prochaine**: par rapport à cette année
**l'année précédente / suivante**: par rapport à une autre année, qui sert d'année de référence

| ...en plus | ≠ | De plus,... |
|---|---|---|
| *zusätzlich* | | *Außerdem...* |

**De plus (= En outre)** (en début de phrase): on ajoute un argument.

**...en plus** (après un nom): on ajoute des éléments (supplémentaires).

| grâce à | ≠ | ...à cause de | ≠ | en raison de |
|---|---|---|---|---|
| *dank* | | *wegen* | | *wegen*<br>*aufgrund*<br>*infolge* |

**grâce à**: conséquence positive
**à cause de**: conséquence négative
**en raison de**: neutre

On n'utilise pas **à cause de** en début de phrase.

| en cas de... | ≠ | dans le cas d'un...<br>dans le cas du... |
|---|---|---|
| *im Fall von*<br>*im ...-fall*<br>*...-falls* | | *im Fall eines...,*<br>*im Fall des...* |

La différence concerne la construction bien plus que le sens:
**en cas de** se construit avec un nom sans article, **dans le cas de** se construit avec un nom accompagné de l'article indéfini ou défini.

## 6) Mots à employer au pluriel
**(Le pluriel domine ou possède un sens particulier)**

| | |
|---|---|
| **les bénéfices (m.pl.)** | *der Gewinn*<br>*die Gewinne* |
| **les pertes (f.pl.)** | *der Verlust*<br>*die Verluste* |

En français, **bénéfice(s)** et **perte(s)** s'emploient plus volontiers au pluriel qu'au singulier; en allemand, on préfère le singulier.

**Le profit** est un équivalent de **bénéfice(s)**, mais ce mot s'emploie rarement, car il a d'habitude une nuance péjorative (= *der Profit*). Exception: **le compte de pertes et profits** = **le compte de résultat** = *die Gewinn- und Verlustrechnung.*

| | |
|---|---|
| **les échanges (m.pl.)** | *der Handel* |

Bien sûr, on peut aussi dire **le commerce**.

**un échange (sg.)** = *ein Austausch*

| | |
|---|---|
| **les ventes (f.pl.)** | *der Absatz* |

Dans cet exemple (comme dans l'exemple précédent), l'équivalence d'un pluriel français et d'un singulier allemand n'est pas une simple tendance, mais une règle fixe.

**la vente (sg.)** = *der Verkauf (als Vorgang)*

| | |
|---|---|
| **les importations (f.pl.)** | *der Import*<br>*die Importe* |
| **les exportations (f.pl.)** | *der Export*<br>*die Exporte* |

On distingue:

**les importations / les exportations (pl.)**: l'ensemble des marchandises importées / exportées, leur valeur ou leur volume;

**l'importation / l'exportation (sg.)**: l'action d'importer / d'exporter; par exemple:
**L'exportation de produits alimentaires est interdite** = *Der Export / das Exportieren von Lebensmitteln ist verboten.*

Il existe aussi l'expression **une entreprise d'import-export**, calquée sur l'allemand.

| | |
|---|---|
| **les effectifs (m.pl.)** | *der Personalstand*<br>*die Beschäftigtenzahl* |

Voir aussi p.29.

| | |
|---|---|
| **les stocks (m.pl.)** | *das Lager*<br>*die Lagerbestände* |

Voir aussi p.22.

| | |
|---|---|
| **les élections (f.pl.)** | *die Wahl*<br>*die Wahlen* |

Dans cet exemple, il s'agit simplement d'une tendance à l'emploi du pluriel, nettement plus forte en français qu'en allemand.

## 7) Masculin - féminin

| | |
|---|---|
| Les mots en **-ment** et en **-age** sont en général masculins! | |
| **le rendement** | *der Ertrag, die Rendite* |
| **le chômage** | *die Arbeitslosigkeit* |
| **le reportage** | *die Reportage* |
| **le sondage** | *die Umfrage* |

| | |
|---|---|
| **une offre** | *ein Angebot* |

| | |
|---|---|
| **la valeur** | *der Wert* |

| | |
|---|---|
| **la raison** | *der Grund* |

| | |
|---|---|
| **la part** | *der Anteil* |
| **la partie** | *der Teil* |
| **le parti politique** | *die politische Partei* |

**la part de quelqu'un / quelque chose dans quelque chose**
*= der Anteil von etwas / jemandem an etwas*

| | |
|---|---|
| **le groupe** | *die Gruppe, der Konzern* |

| | |
|---|---|
| **le rôle** | *die Rolle* |
| **le contrôle** | *die Kontrolle* |

| | |
|---|---|
| **le dividende** | *die Dividende* |

| | |
|---|---|
| **le domaine** | *der Bereich* |

Ce qui induit en erreur, c'est l'expression allemande *die Domäne.*

| | |
|---|---|
| **un million** | *eine Million* |
| **un milliard** | *eine Milliarde* |

Voir aussi p.15.

| | |
|---|---|
| **le chiffre** | *die Ziffer, die Zahl* |

Voir aussi p.22.

| | |
|---|---|
| **le graphique** | *die Graphik* |

## 8) Réflexivité
(Verbes qui se construisent avec ou sans se)

| | |
|---|---|
| **changer** | *sich verändern* |

Voir aussi p.25.

| | |
|---|---|
| **doubler** | *sich verdoppeln* |
| **tripler** | *sich verdreifachen* |

**quadrupler** = *sich vervierfachen*
**quintupler** = *sich verfünffachen*
**décupler** = *sich verzehnfachen, sich stark ausweiten*
mais:
**se multiplier par six, sept, etc.**
**être multiplié par six, sept, etc.**
= *sich versechsfachen, versiebenfachen usw.*

**doubler / tripler qch.** = *etwas verdoppeln / verdreifachen*

Attention à l'orthographe: **tripler** (un seul **p**)!

| | |
|---|---|
| **augmenter / s'accroître** | *steigen / sich erhöhen* |
| **diminuer / se réduire** | *sinken / sich verringern* |

En français comme en allemand, il existe une variante réflexive et une variante non réflexive qui sont synonymes.

Une autre expression pour **diminuer / se réduire** serait **baisser**.

**croître** = *wachsen*

| | |
|---|---|
| **s'élever à / être de** | *betragen* |

autre équivalent: **se monter à** (voir aussi pp.10-11).

| | |
|---|---|
| **s'attendre à (+ nom ou infinitif)** | *etwas erwarten* |
| **s'attendre à ce que (+ subj.)** | *erwarten, daß* |

**attendre qn. / qch.** = *auf jn./etw. warten*
Voir aussi p.12.

## 9) Verbes difficiles

| | |
|---|---|
| **bénéficier de qch.** | *von etw. profitieren* |
| **bénéficier à qn.** | *jm. zugute kommen* |
| **je bénéficie**<br>**tu bénéficies**<br>**il/elle bénéficie** | **nous bénéficions**<br>**vous bénéficiez**<br>**ils/elles bénéficient** |
| **j'ai bénéficié** | |
| **le(s) bénéfice(s)** | *der Gewinn* |
| **le bénéficiaire** | *der Nutznießer*<br>*der Begünstigte* |

À la place de **bénéficier**, on peut aussi utiliser **profiter de / à**.

Les germanophones ont tendance à oublier le **i** dans **bénéficier** et à rajouter un **i** dans **financer**.

| | |
|---|---|
| **financer** | *finanzieren* |
| **je finance**<br>**tu finances**<br>**il/elle finance** | **nous finançons**<br>**vous financez**<br>**ils/elles financent** |
| **j'ai financé** | |
| **les finances** | *die Finanzen* |
| **le financement** | *die Finanzierung* |
| **le financier** | *der Financier, Geldgeber* |

| | |
|---|---|
| **acquérir** | *erwerben* |
| **j'acquiers**<br>**tu acquiers**<br>**il/elle acquiert** | **nous acquérons**<br>**vous acquérez**<br>**ils/elles acquièrent** |
| **j'ai acquis** | |
| **une acquisition** | *eine Erwerbung* |
| **un acquis** | *eine Errungenschaft* |
| **un acquéreur** | *ein Käufer, Erwerber* |

**les acquis sociaux** = *die sozialen Errungenschaften*

| | |
|---|---|
| **promouvoir** | *fördern* |
| **je promeus**<br>**tu promeus**<br>**il/elle promeut** | **nous promouvons**<br>**vous promouvez**<br>**ils/elles promeuvent** |
| **j'ai promu** | |
| **la promotion** | *die Förderung* |
| **le promoteur** | *der Förderer* |

Un verbe très difficile; mais en général, l'étudiant n'en utilisera activement que l'infinitif et le participe passé.

De plus, on peut très souvent remplacer ce verbe par **encourager** (mais attention, difficulté d'orthographe: **nous encourageons**).

**la promotion des ventes** = *die Verkaufsförderung*
**la promotion sociale** = *der soziale Aufstieg*

Autres traductions de **promotion**:
1) *Beförderung (im Unternehmen)*
2) *Jahrgang einer Eliteschule*

| | |
|---|---|
| **résoudre** | *lösen* |
| **je résous**<br>**tu résous**<br>**il/elle résout** | **nous résolvons**<br>**vous résolvez**<br>**ils/elles résolvent** |
| **j'ai résolu** | |

Voir aussi p.11.

| | |
|---|---|
| **conclure** | *(ab)schließen* |
| **je conclus**<br>**tu conclus**<br>**il/elle conclut** | **nous concluons**<br>**vous concluez**<br>**ils/elles concluent** |
| **j'ai conclu** | |

**conclure un contrat** = *einen Vertrag abschließen*

**la conclusion** = *der Schluß (der logische Schluß, der Schluß eines Textes), der Abschluß (z.B. eines Vertrages)*

| | |
|---|---|
| **offrir** | *anbieten, schenken* |
| **j'offre**<br>**tu offres**<br>**il/elle offre** | **nous offrons**<br>**vous offrez**<br>**ils/elles offrent** |
| **j'ai offert** | |

Le participe passé de **offrir (offert)** est formé comme celui de **ouvrir (ouvert)**.

| | |
|---|---|
| **réduire** | *verringern* |
| **je réduis**<br>**tu réduis**<br>**il/elle réduit** | **nous réduisons**<br>**vous réduisez**<br>**ils/elles réduisent** |

| **produire** | *erzeugen* |
|---|---|
| **je produis**<br>**tu produis**<br>**il/elle produit** | **nous produisons**<br>**vous produisez**<br>**ils produisent** |

**Réduire** et **produire** ne sont pas des verbes du deuxième groupe; c'est pourquoi ils n'ont pas **ss** au pluriel, mais **s**:

**finir** (2e groupe) → **nous finissons**
mais:
**réduire** (3e groupe) → **nous réduisons**
**produire** (3e groupe) → **nous produisons**

## 10) La lettre qui fait la différence (Problèmes de morphologie et d'orthographe)

### 10.a) Écoutez bien!

| | |
|---|---|
| **un baril** | *ein Faß*<br>*ein Barrel*<br><br>angl. *barrel* |

**un baril de pétrole** = *ein Faß / Barrel Erdöl*
**le pétrole**: voir aussi pp.22, 52, 58

| | |
|---|---|
| **un exercice** | *ein Geschäftsjahr*<br>*eine Übung*<br><br>angl. *exercise* |

Voir aussi p.23.

| | |
|---|---|
| **le pronostic** | *die Prognose* |

| | |
|---|---|
| **la conjoncture** | *die Konjunktur* |

| | |
|---|---|
| **la diminution** | *die Verringerung* |
| | angl. *diminution* |

~~**Diminuation**~~ ou ~~**diminuition**~~ n'existent ni en français ni en anglais.

| | |
|---|---|
| **une adaptation** | *eine Anpassung*<br>*eine Adaptierung*<br>*eine Adapt(at)ion* |

| | |
|---|---|
| **la chimie** | *die Chemie* |
| **chimique** | *chemisch* |

| | |
|---|---|
| **la médecine** | *die Medizin* |

| | |
|---|---|
| **favorable** | *günstig* |
| | angl. *favourable* |

| | |
|---|---|
| le gouvernement | *die Regierung* |
| | angl. *government* |

| | |
|---|---|
| le parlement | *das Parlament* |

| | |
|---|---|
| l'exportateur | *der Exporteur* |
| l'importateur | *der Importeur* |

| | |
|---|---|
| deuxièmement | *zweitens* |
| troisièmement | *drittens* |

| | |
|---|---|
| le caractère | *der Charakter* |
| caractéristique | *charakteristisch* |

| | |
|---|---|
| diviser | *dividieren* |
| réviser | *revidieren* |

| | |
|---|---|
| assainir | *sanieren* |

| | |
|---|---|
| **un effet** | *ein Effekt, e. Auswirkung* |
| **un contrat** | *ein Kontrakt, ein Vertrag* |
| **un projet** | *ein Projekt* |
| **un objet** | *ein Objekt* |
| **un sujet** | *ein Subjekt, ein Thema* |
| **un conflit** | *ein Konflikt* |

**au sujet de** = *bezüglich*

| | |
|---|---|
| **un mois** | *ein Monat* |

**moins** = *weniger*

| | |
|---|---|
| **le salaire** | *das Gehalt* |
| ≠ | |
| **le salarié** | *der Arbeitnehmer* |

**l'ouvrier** (*Arbeiter*)
- **la paie** (*Lohn*)

**l'employé** (*Angestellter*)
- **le salaire** (*Gehalt*)

} **les salariés** (*Arbeitnehmer*)
- **les salaires** (*Löhne und Gehälter*)

Voir aussi p.29.

| | |
|---|---|
| **un avocat** | *ein Anwalt (Advokat)* |
| **un avantage** | *ein Vorteil* |
| | angl. *advantage* |

**10.b) La différence ne s'entend pas**

| | |
|---|---|
| **par exemple** | *zum Beispiel* |
| | angl. *for example* |

| | |
|---|---|
| **une tendance** | *eine Tendenz* |
| **la correspondance** | *die Korrespondenz* |
| **un assistant** | *ein Assistent* |

**avoir tendance à faire qch.** = *dazu tendieren, etwas zu tun*

| | |
|---|---|
| **le gouvernement** | *die Regierung* |
| | angl. *government* |
| **le développement** | *die Entwicklung* |
| | angl. *development* |
| **l'équipement (m.)** | *die Ausrüstung*<br>*die Ausstattung* |
| | angl. *equipment* |

Autre problème d'orthographe: **gouvernement** (voir p.45).
**développement**: voir aussi p.19

**un bien d'équipement** = *ein Ausrüstungsgut*

| | |
|---|---|
| **plutôt** | *eher* |
| **la plupart** | *die meisten* |

**la plupart des + pl.**: voir aussi p.5

| | |
|---|---|
| **un excédent** | *ein Überschuß*<br>*(in einer volksw. Bilanz)* |
| **exceptionnel** | *außerordentlich* |

**excédent**: voir aussi p.21

| | |
|---|---|
| **compter** | *zählen* |
| **la comptabilité** | *die Buchhaltung*<br>*das Rechnungswesen* |

**un comptable** = *ein Buchhalter*
**la comptabilité nationale**
= *die volkswirtschaftliche Gesamtrechnung*

| | |
|---|---|
| **le rythme** | *der Rhythmus*<br>*die Geschwindigkeit* |

| | |
|---|---|
| **le langage** | *die Sprache* |
| | angl. *language* |

**10.c) Terminaisons**

| | |
|---|---|
| **certaines (f.pl.)** | *gewisse, bestimmte (f.pl.)* |
| | angl. *certain* |
| ≠ | |
| **certains (m.pl.)** | *gewisse, bestimmte (m.pl.)* |
| | angl. *certain* |

| | |
|---|---|
| **les Américaines (f.pl.)** | *die Amerikanerinnen (f.pl.)* |
| | angl. *the American* |
| ≠ | |
| **les Américains (m.pl.)** | *die Amerikaner (m.pl.)* |
| | angl. *the American* |

Pour les deux dernières expressions, il n'y a pas, en anglais, de différence entre le masculin et le féminin, et la terminaison se prononce comme celle du féminin français.

| | |
|---|---|
| **les Françaises (f.pl.)** | *die Französinnen (f.pl.)* |
| ≠ | |
| **les Français (m.pl.)** | *die Franzosen (m.pl.)* |

Le masculin pluriel de ce mot est identique au masculin singulier. Attention à la majuscule: **un Français** (voir p.60).

| | |
|---|---|
| **les courses (f.pl.)** | *die Einkäufe* |
| ≠ | |
| **les cours (m.pl.)** | *die Kurse (Börse, Unterricht)* |

**Une course** signifie aussi *ein Wettlauf, ein Wettrennen.*

| **m.sg.** | **-al** | **f.sg.** | **-ale** |
|---|---|---|---|
| **national** | *national* | **nationale** | |
| **social** | *sozial* | **sociale** | |
| **libéral** | *liberal* | **libérale** | |
| **égal** | *gleich* | **égale** | |
| **fiscal** | *steuerlich* | **fiscale** | |
| **électoral** | *Wahl-...* | **électorale** | |
| **m.pl.** | **-aux** | **f.pl.** | **-ales** |
| **nationaux** | | **nationales** | |
| **sociaux** | | **sociales** | |
| **libéraux** | | **libérales** | |
| **égaux** | | **égales** | |
| **fiscaux** | | **fiscales** | |
| **électoraux** | | **électorales** | |

| | |
|---|---|
| **m.sg.** **-if**<br><br>**actif** *aktiv*<br>**positif** *positiv*<br>**compétitif**<br>*konkurrenzfähig*<br>*wettbewerbsfähig*<br><br>angl. *active*<br>*positive*<br>*competitive* | **f.sg.** **-ive**<br><br>**active**<br>**positive**<br>**compétitive** |
| **m.pl.** **-ifs**<br><br>**actifs**<br>**positifs**<br>**compétitifs** | **f.pl.** **-ives**<br><br>**actives**<br>**positives**<br>**compétitives** |

| | |
|---|---|
| **m.sg.** **-ic**<br><br>**public** *öffentlich* | **f.sg.** **-ique**<br><br>**publique**<br><br>angl. *public* |
| **m.pl.** **-ics**<br><br>**publics** | **f.pl.** **-iques**<br><br>**publiques** |

Mais: **caractéristique**, **magnifique**, etc. (masculin et féminin).

**le public** = *die Öffentlichkeit, das Publikum*

| | |
|---|---|
| **m.sg.** **moderne** *modern* | **f.sg.** **moderne** |

| | | |
|---|---|---|
| **m.sg. net** | *netto* | **f.sg. ne<u>tt</u>e** |
| **m.sg. brut** | *brutto* | **f.sg. bru<u>t</u>e** |

**Net, nette** signifie aussi *deutlich*.

| | |
|---|---|
| **le revenu** | *das Einkommen*<br>*die Einkünfte*<br><br>angl. *revenue* |
| **un résumé** | *eine Zusammenfassung*<br>*ein Resumee* |
| **un employé (m.)**<br><br><br>**une employée (f.)** | *ein Angestellter*<br><br>angl. *employee (m.+f.)*<br><br>*eine Angestellte* |

**revenu**: voir aussi p.29

**employé**: voir aussi p.29

| | |
|---|---|
| **le pétrole**<br><br><br>**le monopole** | *das Erdöl*<br><br>angl. *petrol*<br><br>*das Monopol* |

**pétrole**: voir aussi pp.22, 58

| | |
|---|---|
| **le problème** | *das Problem* |
| | angl. *problem* |
| **le système** | *das System* |
| | angl. *system* |
| **le programme** | *das Programm* |

Autre problème d'orthographe: **problème** (voir p.58).

| | |
|---|---|
| **le spécialiste** | *der Spezialist* |
| | angl. *specialist* |
| **un expert** | *ein Experte* |

**un expert en économie** = *ein Wirtschaftsexperte,*
(= *ein Experte für Wirtschaft*)
**un économiste** = *ein Ökonom*

| | |
|---|---|
| **le succès** | *der Erfolg* |
| | angl. *success* |

*erfolgreich sein* = **avoir du succès**

Remarque:
Le français ne connaît pas d'adjectif formé sur **succès**. Il n'existe pas d'équivalent de l'allemand *erfolgreich* (même si les dictionnaires en indiquent).

## 10.d) Lettre double ou non?

| | |
|---|---|
| **un actionnaire** | *ein Aktionär* |
| **un fonctionnaire** | *ein Beamter* |
| | *ein Funktionär* |

| | |
|---|---|
| **professionnel, -lle** | *professionell* |
| | angl. *professional* |
| **traditionnel, -lle** | *traditionell* |
| | angl. *traditional* |

| | |
|---|---|
| **personnel, -lle** | *persönlich* |
| | angl. *personal* |
| **la personnalité** | *die Persönlichkeit* |
| | angl. *personality* |

**la personnalité juridique / morale** = *die Rechtspersönlichkeit*
**le personnel** = *das Personal* (voir aussi p.29)

| | |
|---|---|
| **le protectionnisme** | *der Protektionismus* |

| | |
|---|---|
| **la monnaie** | *die Währung* |
| mais: | |
| **monétaire** | *monetär*<br>*Währungs-...* |

**monnaie**: voir aussi p.9

| | |
|---|---|
| **annuler** | *annullieren* |

| | |
|---|---|
| **parallèle (m.+f.)** | *parallel* |

La difficulté orthographique concerne aussi bien le français que l'allemand.

| | |
|---|---|
| **une adresse** | *eine Adresse* |
| | angl. *address* |
| **s'adresser à qn.** | *sich an jn. wenden, richten* |
| | angl. *to address someone* |

| | |
|---|---|
| **une étape** | *eine Etappe* |

## 10.e) Accents

| | |
|---|---|
| **presque** | *fast, beinahe* |

Lorsque le **e** est suivi de deux consonnes (sauf si la deuxième est un **l** ou un **r**), on ne met pas d'accent et pourtant on prononce **è**. (Même effet devant les consonnes doubles et dans la combinaison **ex-**.)

| | | | | |
|---|---|---|---|---|
| exemples: | **e** | **cs** | **cs** | **perte** |
| | **e** | **cs** | **l** | **règle** |
| | **e** | **cs** | **r** | **mètre** |
| | **e** | **cs double** | | **nouvelle** |
| | **e** | **x** | | **exister** |

| | |
|---|---|
| **depuis** | *seit* |
| **premier, -ère** | *erste(r)* |
| **la mesure** | *die Maßnahme* |
| **la relation** | *die Beziehung* |
| **avoir besoin de qch.** | *etwas brauchen* |

Une mauvaise prononciation (**é**) entraîne une faute d'accent, c'est-à-dire la tendance à mettre un accent aigu là où il n'en faut pas.

Ceci est valable aussi pour le verbe **devenir**:

| | |
|---|---|
| **devenir qch.** | *(zu) etwas werden* |
| **je suis devenu** | *ich bin geworden* |

Remarque:

Il existe en français trois équivalents différents de l'allemand *werden*, parce que *werden* a trois fonctions différentes en allemand:

| | |
|---|---|
| 1) *werden* + infinitif = futur<br>*ich werde (dich) fressen* | **je (te) mangerai** |
| 2) *werden* + part. passé = passif<br>*ich werde (von X) gefressen* | **je suis mangé (par X)** |
| 3) *(zu) etwas werden*:<br>*ich werde verrückt* | **je deviens fou** |
| La combinaison de (1) et (2) donne:<br>*ich werde gefressen werden* | **je serai mangé** |
| La combinaison de (1) et (3) donne:<br>*ich werde verrückt werden* | **je deviendrai fou** |

| | |
|---|---|
| **cher (m.)** | *teuer, lieb* |
| **chère (f.)** | |

**coûter cher** = *teuer kommen, teuer sein*
(Dans cette expression, **cher** est invariable!)

| | |
|---|---|
| **il représente** | *er stellt dar* |
| **le/la secrétaire** | *der Sekretär*<br>*die Sekretärin* |

| | |
|---|---|
| **élevé** | *hoch (Zahl, Wert)* |
| ≠ | |
| **un élève** | *ein Schüler* |

**élevé**: voir aussi p.18

| | |
|---|---|
| **créer** | *schaffen* |
| **il/elle a créé** | *er/sie hat geschaffen* |
| **il a été créé (m.)** | *er wurde geschaffen* |
| **elle a été créée (f.)** | *sie wurde geschaffen* |

Le premier **é** fait partie du radical du verbe (Stamm). S'y ajoutent les terminaisons des verbes du premier groupe.

| | |
|---|---|
| **le pétrole** | *das Erdöl*<br>angl. *petrol* |
| **le problème** | *das Problem*<br>angl. *problem* |

Pour les deux mots, voir pp.52-53; pour **pétrole**, voir p.22.

| | |
|---|---|
| **le chômage** | *die Arbeitslosigkeit* |

Voir aussi p.36.

| | |
|---|---|
| **les intérêts (m.pl.)** | *die Zinsen* |

**l'intérêt (m.sg.)** = *das Interesse*
**le taux d'intérêt** = *der Zinssatz*; le pluriel de cette expression est:
**les taux (pl.) d'intérêt (sg.)** = *die Zinssätze*

| | |
|---|---|
| **surtout** | *vor allem* |

**Surtout** vient de **sur** = *über*, et non pas de **sûr** = *sicher.*

| | |
|---|---|
| **être coté en Bourse** | *an der Börse notieren* |

Cette expression est passive en français, mais active en allemand.

**une société cotée en Bourse** = *eine börsennotierte Gesellschaft*
**la cotation en Bourse** = *die Notierung (an der Börse)*

Pour la majuscule de **la Bourse**, voir p.60.

| | |
|---|---|
| **d'un côté,... de l'autre,...** | *einerseits... andererseits...* |

Voir aussi p.15.

| **acheter** | *kaufen* |
|---|---|
| **j'achète**<br>**tu achètes**<br>**il/elle achète** | **nous achetons**<br>**vous achetez**<br>**ils/elles achètent** |
| **j'ai acheté** | |

| **espérer** | *hoffen* |
|---|---|
| **j'espère**<br>**tu espères**<br>**il/elle espère** | **nous espérons**<br>**vous espérez**<br>**ils/elles espèrent** |
| **j'ai espéré** | |

## 10.f) Majuscules

| | |
|---|---|
| **la Bourse** | *die Börse* |

**la bourse** (avec minuscule) = *die Geldbörse; das Stipendium*

| | |
|---|---|
| **l'État** | *der Staat* |

**L'État** prend toujours une majuscule,
même au pluriel: **plusieurs États**.
«**L'État, c'est moi!**»: fameuse citation de Louis XIV

**l'état** (avec minuscule) = *der Zustand*

Remarque:

En général, en français, on ne met pas d'accents sur les majuscules (**l'Etat**); mais il n'est pas interdit de le faire, notamment pour des raisons pédagogiques.

| | |
|---|---|
| **un franc français** | *ein französischer Franc* |

**mille dollars** = *tausend Dollar*

En français, les monnaies prennent des minuscules et non pas des majuscules comme en allemand.

| | |
|---|---|
| **un Français** | *ein Franzose* |
| ≠ | |
| **le français** | *das Französische*<br>*die französische Sprache* |

# EXERCICES D'APPROFONDISSEMENT

**1)**

**1.a)**

Alle Welt kennt den Unterschied zwischen einer Tochtergesellschaft und einer Filiale, weil er in der ganzen Welt der gleiche ist, oder wenigstens in den meisten Ländern.

Die Zeichnung der jungen Aktien erfolgt mittels einer einfachen Unterschrift.

Um Konkurse und Demonstrationen zu vermeiden, forciert / fördert die Regierung Investitionen. Sie zwingt die Unternehmer fast zum Investieren, indem sie Kredite gewährt, bei denen man den Großteil des geliehenen Geldes / den Großteil der geliehenen Mittel zurückzahlen muß, aber nicht die Gesamtheit.

Dank intensiver Anstrengungen hat sie eine Ausleseprüfung bestanden, und das Ministerium hat ihr die Chance gegeben / eröffnet, in Brüssel zu arbeiten. Was für ein Glück!

Sprechen wir also von einem aktuellen Problem: Es ist traurig, aber laut den Umfragen ist die heutige / derzeitige konservative Partei für die Wähler nicht attraktiv. Vor drei Jahren, vor den letzten Wahlen, erschien sie noch relativ effizient; aber danach hat sich ihre Lage verschlechtert und ist heute eher trist.

Dann begann er seine Beweisführung: Mit dem Zeigefinger zeigte er auf die Kurve, die die tatsächliche Entwicklung des Verbraucherpreisindex zeigte.

**1.b)**

Infolge / Aufgrund der Konkurrenz des Dollars, die auf das Prestige der USA zurückzuführen ist, verwendet niemand mehr unsere heimische Währung.

Warten Sie ein paar Jahre: Bald werden die meisten Leute, sogar die Leute aus dem Volk, lieber Kreditkarten verwenden als (anstelle von) Banknoten und Kleingeld.

"Ich habe kein Geld", beklagt sich ein Teilnehmer am Bettler-Wettbewerb, "nur einige Münzen, die schon sehr abgenützt sind - noch dazu in fremder Währung. Und dort drüben im Eck steht schon ein anderer Bettler, der mir Konkurrenz macht."

- Ich muß jetzt fortgehen.
- Sie wollen uns schon verlassen?
- Ja; ich muß dringend telefonisch meinen Onkel, den Staatssekretär, erreichen, der mich während meines Studiums unterstützt hat. Ich möchte ihn besuchen, um seiner Partei beizutreten.

Ich halte diese Leute nicht aus, die unsere Universität nur besichtigen kommen, ohne die Absicht zu haben, sie tatsächlich zu besuchen.

**1.c)**

Der Finanzminister hat die Steuern erhöht, weil sich seine Ausgaben erhöht hatten und bereits 1000 Mrd. Francs betrugen.

Die Steuererhöhung hat einen Umschwung der öffentlichen Meinung bewirkt, der den Premierminister gezwungen hat, gewisse Veränderungen in seiner Regierung durchzuführen.

Er hat seinem Minister ein Denkmal gesetzt, und dann hat er ihn zu den Bauern geschickt, Schweine züchten.

**2)**

Verschiedene / diverse / zahlreiche Politiker sind zu optimistisch; daher erwarten sie, die Probleme der Leistungsbilanz lösen zu können.

Diese Erwartungen drücken ein gewisses Vertrauen in die finanziellen Maßnahmen aus, die getroffen wurden, um Arbeitsplätze zu schaffen.

Theoretisch kann man nicht erwarten, daß die Spediteure große Investitionen tätigen, um die Umwelt zu schützen. Trotzdem darf man sie nicht verdammen.

Einerseits stellen 10 Mio. S einen großen Betrag dar, andererseits ist das alles nichts gegenüber 20 Mrd. $.

**3)**

Man kann feststellen, daß die Arbeitslosigkeit, von der man mehrere Arten unterscheiden kann, von der konjunkturellen Entwicklung abhängig ist; das Studium der Konjunktur ermöglicht es also, Prognosen über die Arbeitslosenrate zu erstellen, und führt so zu einer Anpassung der Wirtschaftspolitik.

**4)**

Die ungünstige Entwicklung der Leistungsbilanz stellt das Hauptproblem der französischen Volkswirtschaft dar.

In der Volkswirtschaft beschäftigt man sich nicht mit den Bilanzen von Gesellschaften.

Hohe Subventionen werden gewährt, um die Entwicklung der Landwirtschaft im Hochgebirge zu fördern.

Die Höhe der Subventionen für den Erhalt der Wälder ist von der Seehöhe und von der Höhe der Bäume abhängig.

Die Spionin hatte mir versprochen, mir die wichtigsten Daten zu einem bestimmten Datum bei (= anläßlich) einer Verabredung (Termin) gegenüber der französischen Nationalbank mitzuteilen.

Kommentieren Sie diese beiden Zahlen: die Zahl von hohen Bergen und die Zahl der Nächtigungen in Tirol.

Die französische Bäuerin kocht mit Olivenöl, die texanische Bäuerin mit Erdöl.

Im Lager (= Lagerhaus) lagern die Lager ( = Lagerbestände).

Die französische Handelsbilanz weist seit drei Jahren einen Überschuß auf, während die Bilanz meines Unternehmens seit drei Geschäftsjahren negativ ist - drei schwierige Jahre, während derer ich, trotz Einsparungen in allen Bereichen, nichts sparen (= ansparen) konnte.

Das Sparen ist ein wichtiges Kapitel in der Volkswirtschaft. So verringern sich die Ersparnisse der Haushalte bei den Banken stets, wenn der Staat eine Sparpolitik betreibt.

Obwohl wir einen Überschuß an Wasserkraft haben, ist es notwendig, Energie und besonders / insbesondere Benzin zu sparen.

Die Einführung neuer Einkommen- oder Konsumsteuern würde die Budgetpolitik erleichtern und die politisch Verantwortlichen erleichtern; sie würde aber nicht die Steuerlast erleichtern.

Wir liefern eine umfangreiche Palette von Produkten, die wir Ihnen auf Anfrage nach Hause liefern.

Wir kontrollieren die Rohstoffe lieber, während sie sich noch bei unserem Lieferanten (= Zulieferer) befinden und bevor er sie dem Lieferanten (= Zusteller) anvertraut, um Überraschungen im Zuge des Produktionsprozesses sowie spätere Rechtsstreitigkeiten und Prozesse zu vermeiden.

Ein Scheck ermöglicht es, bar (= sofort) zu zahlen, ohne bar - das heißt, mit Banknoten und Münzen - zu zahlen.

Angesichts der schwierigen politischen Lage werden viele Franzosen bei den Wahlen den Kandidaten der extremen Rechten wählen, obwohl sie wissen, daß er nicht gewählt werden wird. Diese Veränderung der politischen Landschaft gegenüber den letzten Wahlen zeugt von einem tiefen Wunsch nach Veränderung.

Damit sich die Welt verändert, müßte man die Haltung der Bauern gegenüber den Dünge- und Pflanzenschutzmitteln durch eine spezielle Ausbildung verändern, während man gleichzeitig Ökologie in die schulische Ausbildung integriert.

5)

Das Personal von Klein- und Mittelbetrieben, deren Beschäftigtenzahl stark gestiegen ist, stellt eine Gruppe benachteiligter Arbeitnehmer dar; das betrifft die gesamte erwerbsfähige Bevölkerung, aber die Arbeiter noch stärker als die Angestellten.

Wenn jemand zu Ihnen von der Bevölkerung eines Landes spricht, ist er Demograph; jemand, der nur vom Volk spricht, ist sicher ein nationalistischer Ideologe.

Jemand, der seine Wertpapiere verkauft, tauscht momentane Einnahmen gegen eine Verringerung seines regelmäßigen Einkommens / seiner regelmäßigen Einkünfte ein.

Der Bericht enthält folgende Feststellung: Der Verwaltungsrat, der aus etwa zwanzig Personen besteht, umfaßt viel mehr Männer als Frauen.

Die Sparpolitik hat eine Woge der Unzufriedenheit in der öffentlichen Meinung bewirkt / nach sich gezogen, was zu massiven Demonstrationen geführt hat / was massive Demonstrationen nach sich gezogen hat, die durch ein merkliches Absinken der Kaufkraft verursacht / hervorgerufen wurden. Aber die End-Krise wurde durch Änderungen der Sozialgesetzgebung hervorgerufen / ausgelöst.

Wenn Sie es stets vermeiden, in ausländischer Währung zu fakturieren, wird Sie das gelegentlich daran hindern, Wechselkursgewinne zu machen.

Die Experten schätzen, daß drei Monate notwendig sein werden / daß man drei Monate brauchen wird, um dieses Unternehmen zu bewerten, bevor man es privatisieren kann. Die Kosten dieses Vorgangs werden auf 3 Mio. DM geschätzt, aber das Ergebnis könnte eine Euphorie an der Börse auslösen / hervorrufen.

Einige / Manche Spezialisten glauben, daß nur einige / ein paar Länder die Konvergenzkriterien rechtzeitig erfüllen werden können. In Wirklichkeit tun dies schon heute mehrere. Außerdem gibt es jetzt in der EU drei Länder zusätzlich (drei zusätzliche Länder).

Wegen / Infolge / Aufgrund der Umstrukturierungen laufen wir Gefahr, im nächsten Jahr und im darauffolgenden Jahr weniger Gewinn zu machen als im vorigen Jahr und im Jahr davor. Aber die Preissenkungen dürften eine Verdoppelung unseres Umsatzes bewirken / nach sich ziehen.

Dank der Subventionen, die aufgrund / infolge des Budgetüberschusses gewährt wurden, konnten wir die Verringerung der Beschäftigtenzahl vermeiden, die wegen / aufgrund / infolge einer Reihe von Verlusten notwendig gewesen wäre.

Im Insolvenzfall zahlt das Unternehmen einen viel geringeren Teil seiner Verbindlichkeiten zurück als im Fall eines Ausgleichs.

**6)**

Seit der Wahl steigen Import und Export, und der Handel entwickelt sich.

Nach dem Verlust im Vorjahr erwarten wir für heuer einen Gewinn. Aber die Entwicklung des Lagers, des Absatzes und der Mitarbeiterzahl ist noch nicht zufriedenstellend.

**7)**

In einer Reportage wurden die Ergebnisse einer Umfrage über den Hauptgrund der Arbeitslosigkeit veröffentlicht.

Der Wert dieser Aktien erklärt sich ebensosehr durch die Rendite wie durch die Rolle dieses Konzerns, der die Kontrolle über einen ganzen Sektor der Volkswirtschaft ausübt und der soeben ein öffentliches Übernahmeangebot erfolgreich abgeschlossen hat.

Diese Graphik bestätigt, daß ein Umsatz von einer Million Dollar, ja sogar von einer Milliarde, in diesem Bereich eine vollkommen normale Zahl darstellt.

Eine politische Partei besitzt den Löwenanteil im Kapital dieses Unternehmens und kassiert daher einen großen Teil der Dividende.

**8)**

Die Lage hat sich nicht verändert: Trotz guter Konjunktur sinkt / verringert sich die Arbeitslosigkeit nicht, im Gegenteil: Sie steigt / erhöht sich.

Man erwartet, daß die Arbeitslosenrate, die derzeit ca. 10% beträgt, sich im Laufe des nächsten Jahrzehnts verdoppelt oder verdreifacht.

**9)**

In der EU kommen einerseits die sozialen Errungenschaften den Arbeitnehmern zugute, aber andererseits reduzieren die Unternehmen ihre Mitarbeiterzahl, obwohl sie immer mehr produzieren.

Die Regierung hat versprochen, daß sie die Budgetprobleme lösen und gleichzeitig die Wirtschaft fördern würde: Sie hat angeboten, die großen Banken zu privatisieren, die von der vorigen Regierung erworben worden waren, welche eine große Förderin des öffentlichen Sektors war.

Vor allem das Budget wird von den Privatisierungen profitieren. Diese werden von ausländischen Erwerbern finanziert, die so die heimische Wirtschaft fördern.

Das vom Finanzminister geförderte Angebot der heimischen Banken wurde nicht berücksichtigt, und diese schlossen daraus: "Wenn wir die lahmen Enten des Staates erwerben, finanzieren wir das Budgetdefizit, aber wir lösen nicht die Probleme der Branche. Die Alternative dazu ist, daß das Ausland zum Nutznießer der heimischen Wirtschaftsförderung wird."

**10)**

**10.a)**

Die derzeitige Sparpolitik entspricht dem sparsamen Charakter des Präsidenten, aber sie ist auch charakteristisch für die neue Strategie der Regierung.

Den Prognosen zufolge wird die Verringerung des Preises für das Barrel Erdöl in den kommenden Monaten günstige Auswirkungen auf die Konjunktur haben.

Sowohl der Exporteur als auch der Importeur profitieren von diesem Vertrag, dessen Gegenstand der Verkauf von Flugzeugen ist. Er wird für die Dauer eines Geschäftsjahres Konflikte bezüglich der Preise vermeiden helfen.

Die Regierung möchte das Budget durch folgende Maßnahmen sanieren:

- erstens, die Gehälter in der verstaatlichten Industrie halbieren (= durch zwei dividieren);
- zweitens, die Vorteile der Arbeitgeber gegenüber den Arbeitnehmern streichen;
- und drittens, eine Anpassung der Subventionen durchführen.

Die Anwälte der chemischen Industrie fordern, daß das Parlament den Gesetzesentwurf (= das Gesetzesprojekt) über die Chemie und die Medizin revidiert.

**10.b)**

Die EDV-Ausstattung für die Buchhaltung ist teuer, denn die meisten Buchhalter haben die Tendenz, zum Beispiel sehr große Computer oder hochentwickelte Software zu verwenden.

Der Handelsbilanzüberschuß wächst mit außergewöhnlicher Geschwindigkeit (= Rhythmus) dank der eher unerwarteten Entwicklung der Infrastruktur, die von der Regierung initiiert wurde.

Er arbeitet als Assistent der kaufmännischen Leitung, aber er kann weder Wirtschaftssprache noch Handelskorrespondenz.

**10.c)**

Manche Franzosen (und manche Französinnen) glauben, daß alle Amerikaner Spezialisten für Wall-Street-Kurse und für Informatik-Programme sind, und daß die Amerikanerinnen alle Tage ihre Einkäufe in den modernsten Großmärkten tätigen.

In der öffentlichen Meinung ist das Image der Sozialdemokraten positiver als jenes der nationalen Parteien: Sie sind sehr aktiv, wenn es darum geht, das Land konkurrenzfähig zu machen.

Die Liberalen verlangen gleiche steuerliche Bedingungen für alle (Leute), was zu ihrem Wahlsieg beitragen könnte.

Zusammenfassung: Das Problem dieser Genossenschaft sind die Nettoverluste, die bereits den Bruttowert des Umsatzes übersteigen, infolge / aufgrund / wegen des zu hohen Einkommens der Mitglieder, die gleichzeitig Angestellte sind.

Die Erdölproduktion ist kein öffentliches Monopol mehr, weil die meisten Experten am Erfolg dieses Systems zweifeln.

**10.d)**

Die Rechtspersönlichkeit einer AG hängt weder von ihren Aktionären noch von ihrem Personal ab.

Die professionellen Ökonomen der französische Nationalbank, die die erste Adresse in Währungsfragen ist, sind gegen den Protektionismus, der die nationale Währung schwächt.

Die nächste Etappe unserer Werbekampagne wird sich an die Beamten richten, die sehr traditionelle Konsumgewohnheiten haben.

Der Aufschwung der Schattenwirtschaft (= "Parallelwirtschaft") könnte die positiven budgetären Auswirkungen der Steuerreform annullieren.

**10.e + f)**

Der Staat muß diverse Maßnahmen ergreifen, einerseits gegen die zu hohen Zinsen und andererseits gegen die Arbeitslosigkeit, die ihn teuer kommt.

Devisenoptionen wurden vor allem geschaffen, um dem Wechselkursrisiko vorzubeugen; sie notieren auch an der Börse. Es ist zu hoffen, daß sie eines Tages billiger (= weniger teuer) sein werden.

Die Beziehungen zwischen Franzosen und Österreichern sind seit fast einem halben Jahrhundert ausgezeichnet; immer mehr Österreicher lernen Französisch und kaufen französische Produkte.

Erdöl stellt ein Problem dar; es ist zu teuer geworden, weil die westlichen Länder zu viel davon gekauft haben.

Ich habe gerade meinen ersten Computer gekauft; jetzt brauche ich noch eine effiziente Sekretärin und ein paar Millionen französische Francs, die ich problemlos zu finden hoffe.

# CONTRÔLE FINAL

**Cochez la ou les réponse(s) juste(s)! Le corrigé se trouve à la fin. (Le nombre de réponses justes est indiqué à chaque trou.)**

**1.** ..........(1).......... des cours inquiète tous les ...........(2).......... de la Bourse.

| | | | |
|---|---|---|---|
| Le développement | a | spécialistes | e |
| La développement | b | spécialists | f |
| Le development | c | expertes | g |
| L'évolution | d | experts | h |

**2.** Le graphique ...........(1)........... les taux de change et leurs fluctuations.

| | | | |
|---|---|---|---|
| montre | a | répresente | c |
| représente | b | | |

**3.** C'est à nous de décider, puisque c'est nous qui .........(1)......... le projet.

| | | | |
|---|---|---|---|
| financons | a | finançions | c |
| finançons | b | financions | d |

**4.** Il faut ......(1)....... assainir le budget, et ......(1)...... contenter les électeurs.

| | | | |
|---|---|---|---|
| d'un côté | a | de l'autre côté | d |
| de l'un côté | b | de l'autre | e |
| d'une côté | c | d'autre côté | f |

**5.** La balance commerciale affiche pour la première fois un ...........(1)...........

| | | | |
|---|---|---|---|
| surplus | a | exédent | c |
| excédent | b | | |

**6.** Le niveau de vie ...........(2)........... pour ..........(1).......... la population.

| | | | |
|---|---|---|---|
| augmente | a | la pluspart de | e |
| s'augmente | b | la plupart de | f |
| s'élève | c | la plus grande partie de | g |
| s'accroît | d | | |

**7.** Les salaires et les impôts sont très .......(1)....... dans les pays industrialisés.

| | | | |
|---|---|---|---|
| hauts | a | élèves | c |
| élevés | b | élévés | d |

**8.** L'Union européenne a .......(2)........ les investissements touristiques.

| | | | |
|---|---|---|---|
| forcé | a | promouvu | c |
| encouragé | b | promu | d |

**9.** Un ouvrier est un .....(1)....., mais il touche une paie et non pas un ....(1)....

| | | | |
|---|---|---|---|
| salarie | a | salarie | d |
| salarié | b | salarié | e |
| salaire | c | salaire | f |

**10.** L'..(2).. 1996 nous a apporté beaucoup de ..(1).., mais un bilan déficitaire.

| | | | |
|---|---|---|---|
| an | a | revenus | e |
| exercise | b | revenues | f |
| année | c | recettes | g |
| exercice | d | revenue | h |

**11.** La statistique est bien présentée, mais .......(1)....... est faux.

| | | | |
|---|---|---|---|
| ce chiffre | a | ce nombre | c |
| cette chiffre | b | | |

**12.** La dernière réforme fiscale a .......(1)........ tous nos ........(1).........

| | | | |
|---|---|---|---|
| solvé | a | problems | d |
| résous | b | problèmes | e |
| résolu | c | problemes | f |

**13.** Nous avons ........(1)....... une série de ........(1)....... avec nos concurrents.

| | | | |
|---|---|---|---|
| conclu | a | contracts | d |
| concluré | b | contrats | e |
| conclué | c | contrâts | f |

**14.** ........(3)......... la bonne conjoncture, ..........(1)........... diminue.

| | | | |
|---|---|---|---|
| Dû à | a | la chômage | f |
| Par suite de | b | la chomâge | g |
| Grâce à | c | le chomâge | h |
| À cause de | d | le chômage | i |
| En raison de | e | le chomage | j |

**15.** Le paragraphe 2 de l'article 25 de cette loi devrait ..........(1)...........

| | | | |
|---|---|---|---|
| se changer | a | changer | d |
| modifier | b | être modifié | e |
| être changé | c | se modifier | f |

**16.** La politique n'intéresse pas vraiment ...........(1)........... que je connais.

| | | | |
|---|---|---|---|
| les gens | a | le peuple | c |
| la population | b | | |

**17.** ........(1)........ politique possède ........(1)........ des actions de cette banque.

| | | | |
|---|---|---|---|
| Un parti | a | un parti | d |
| Une partie | b | une partie | e |
| Une part | c | une part | f |

**18.** Presque toutes les actions ......(1)....... ont connu une chute des ......(1)......

| | | | |
|---|---|---|---|
| côtées en Bourse | a | courses | d |
| cotées en Bourse | b | cours | e |
| cotées en bourse | c | | |

**19.** La levée de l'embargo nous permet enfin de renouveler ...........(1)...........

| | | | |
|---|---|---|---|
| notre stock | a | nos stocks | d |
| notre entrepôt | b | notre dépôt | e |
| notres stocks | c | nos entrepôts | f |

**20.** D'après le stéréotype national, ........(1)......... portent tous le béret basque.

| | | | |
|---|---|---|---|
| les français | a | les Français | c |
| les Françaises | b | les françaises | d |

**21.** Le prix du .......(1)....... de .......(1)....... est un facteur clé de l'économie.

| | | | |
|---|---|---|---|
| barril | a | petrol | e |
| barrel | b | pétrole | f |
| baril | c | pétrol | g |
| barel | d | petrole | h |

**22.** En période de crise, .........(1).......... de tous les secteurs ..........(1)..........

| | | | |
|---|---|---|---|
| le personnel | a | se réduit | f |
| l'effectif | b | se réduissent | g |
| les effectifs | c | réduit | h |
| le personel | d | réduisent | i |
| les salariés | e | se réduisent | j |

**23.** Nous ...........(1)........... que le ...........(1).......... augmente les impôts.

| | | | |
|---|---|---|---|
| expectons | a | gouvernment | e |
| attendons | b | government | f |
| nous attendons | c | governement | g |
| nous attendons à ce | d | gouvernement | h |

**24.** Je ....(1).... plus ce lycée, mais je continue à .....(1)..... mes anciens profs.

| | | | |
|---|---|---|---|
| n'attends | a | visiter | c |
| ne fréquente | b | rendre visite à | d |

**25.** .........(2)........... ..........(1)......... est une somme importante.

| | | | |
|---|---|---|---|
| Un million | a | de schilling | e |
| Une million | b | de schillings | f |
| Une milliarde | c | schilling | g |
| Un milliard | d | schillings | h |

**26.** La dévaluation entraînera une ...........(1).......... rapide ..........(1)...........

| | | | |
|---|---|---|---|
| diminuition | a | de l'import | d |
| diminuation | b | des importations | e |
| diminution | c | de l'importation | f |

**27.** ......(2)...... l'inflation, la tâche du ministre des Finances a été .......(1).......

| | | | |
|---|---|---|---|
| Grâce à | a | allégée | e |
| Dû à | b | facilitée | f |
| À cause de | c | soulagée | g |
| En raison de | d | | |

**28.** Nous sommes confrontés à un déficit croissant ......(1)...... ......(1)......

| | | | |
|---|---|---|---|
| de la balance | a | de performance | d |
| du bilan | b | des performances | e |
| de la bilance | c | d'opérations courantes | f |
| | | des opérations courantes | g |

**29.** À long terme, cette politique devrait .......(2)....... des fluctuations de prix.

| | | | |
|---|---|---|---|
| mener à | a | conduire à | c |
| entraîner | b | provoquer | d |

**30.** Une politique ...(2)... ne pourra jamais ....(2).... la demande des ménages.

| | | | |
|---|---|---|---|
| d'économie | a | forcer | e |
| d'austérité | b | promouvoir | f |
| d'épargne | c | encourager | g |
| de rigueur | d | | |

# Corrigé du contrôle final

## Un point par réponse juste

| | | |
|---|---|---|
| **1d/e,h** | **11a** | **21c/f** |
| **2b** | **12c/e** | **22c/j** |
| **3b** | **13a/e** | **23d/h** |
| **4a/c** | **14b,c,e/i** | **24b/d** |
| **5b** | **15e** | **25a,d/f** |
| **6a,d/g** | **16a** | **26c/e** |
| **7b** | **17a/e** | **27a,d/f** |
| **8b,d** | **18b/e** | **28a/g** |
| **9b/f** | **19d** | **29b,c** |
| **10c,d/g** | **20c** | **30b,d/f,g** |

**46 - 60 points:**
Bravo! Le français économique n'a plus de secrets pour vous.

**31 - 45 points:**
Vous avez bien profité du programme; si vous en avez envie, reprenez certains chapitres pour vous perfectionner. Consultez l'index pour repérer les termes que vous ne maîtrisez pas encore tout à fait et révisez les exercices qui s'y rapportent.

**16 - 30 points:**
Vous ne tombez déjà plus dans tous les pièges; mais vous avez besoin de faire un effort supplémentaire. Essayez de retrouver (à l'aide de l'index) les chapitres qui vous causent le plus de difficultés. Vous pourriez aussi reprendre complètement les exercices d'approfondissement.

**0 - 15 points:**
N'auriez-vous pas commencé le livre à l'envers, sans avoir travaillé d'abord les exercices? Retournez à la case départ... et reprenez le tout depuis les exercices préliminaires. En tout cas, vous avez en mains l'instrument qui vous permettra de faire des progrès. Bon courage!

# EXERCICES PRÉLIMINAIRES - CORRIGÉ

1.a)

Wir haben die Warenmuster an unsere Filiale in Linz geschickt.
Nous avons envoyé les échantillons à notre succursale à Linz.

Die Gründung einer Tochtergesellschaft muß den Gesellschaftern angekündigt werden.
La création d'une filiale doit être annoncée aux associés.

Ein Scheck ohne Unterschrift ist ungültig.
Un chèque sans signature n'est pas valable.

Die Zeichnung des Kapitals endet am 30. Juni.
La souscription du capital se termine le 30 juin.

Wir haben gar keine Chance mehr, einen Kredit zu erhalten.
Nous n'avons plus aucune possibilité d'obtenir un crédit.

Um einen Kredit zu erhalten, müßte man Glück haben.
Pour obtenir un crédit, il faudrait avoir de la chance.

Die Demonstration wurde von den Gewerkschaften organisiert.
La manifestation a été organisée par les syndicats.

Morgen wird es eine Vorführung der neuen Geräte geben.
Demain il y aura une démonstration des nouveaux appareils.

Die Gläubiger befürchten, daß die Genossenschaft in Konkurs geht.
Les créanciers craignent que la coopérative (ne) fasse faillite.

Alle Kandidaten werden zu einer Ausleseprüfung antreten müssen.
Tous les candidats devront se présenter à un concours.

Der Dow Jones ist ein besonders bekannter Börsenindex.
Le Dow Jones est un indice boursier particulièrement connu.

Die Schlüsselwörter werden im Register angeführt.
Les mots clés sont mentionnés dans l'index.

Der Textilsektor befindet sich seit langem in einer tristen Lage.
Depuis longtemps, le secteur textile se trouve dans une situation grave / difficile / morose.

Es ist traurig, daß niemand in diesen Sektor investieren will.
Il est triste que personne ne veuille investir dans ce secteur.

Ich habe den Bericht weggeworfen, denn er ist nicht mehr aktuell.
J'ai jeté le rapport, car il n'est plus d'actualité.

Der derzeitige Präsident wird bald in den Ruhestand treten.
Le président actuel va bientôt prendre sa retraite.

Die neue Marketing-Abteilung ist noch nicht effizient genug.
Le nouveau service de mercatique n'est pas encore assez efficace.

Die tatsächliche Geburtenrate entspricht nicht den veröffentlichten Statistiken.
Le taux de natalité effectif / réel ne correspond pas aux statistiques publiées.

Der konservative Kandidat hat 53% der Stimmen erhalten.
Le candidat conservateur a obtenu 53% des voix / des suffrages.

Trotz der intensiven Bemühungen der Verkäufer hat der Umsatz stagniert.
Malgré les efforts intenses des vendeurs, le chiffre d'affaires a stagné.

Wir werden ihnen raten, einen Intensivkurs für Kommunikation zu besuchen.
Nous leur conseillerons de suivre un cours de communication intensif.

Die medizinische Forschung kann nur durch großzügige Subventionen forciert werden.
La recherche médicale ne peut être encouragée / promue que par des subventions généreuses.

Das Budgetdefizit zwingt die Ministerien, ihre Ausgaben zu verringern.
Le déficit budgétaire force / oblige les ministères à réduire leurs dépenses.

Das ist die Tabelle, die den Energieverbrauch in den OECD-Ländern zeigt / darstellt.
Voici le tableau qui représente la consommation d'énergie dans les pays de l'OCDE.

Die Tabelle zeigt, daß die USA am meisten Energie verbrauchen.
Le tableau montre que ce sont les Etats-Unis qui consomment le plus d'énergie.

Der geliehene Betrag wird nach zehn Jahren zurückgezahlt werden müssen.
La somme empruntée devra être remboursée au bout de dix ans.

Man kennt unser Unternehmen auf der ganzen Welt.
On connaît notre entreprise dans le monde entier.

Alle Welt (jedermann) kennt unser Unternehmen.
Tout le monde connaît notre entreprise.

Der Großteil des Kapitals gehört ausländischen Gesellschaften.
La plus grande partie du capital appartient à des sociétés étrangères.

Die meisten Österreicher besitzen keine Wertpapiere.
La plupart des Autrichiens ne possèdent (ne possède) pas de valeurs mobilières / de titres.

Man will also den Kauf von Aktien forcieren.
On veut donc encourager / promouvoir l'achat d'actions.

Dann wird die Börse vielleicht einen Aufschwung erleben.
Alors la Bourse connaîtra peut-être un essor.

Nach Meinung des Vorstandes sollte bald das Kapital erhöht werden.
D'après / Selon le directoire, le capital devrait bientôt être augmenté.

Die Ausgabe junger Aktien könnte nach der Hauptversammlung erfolgen.
L'émission d'actions nouvelles pourrait avoir lieu après l'assemblée générale.

Vor fünfzehn Jahren glaubte niemand an einen Beitritt Österreichs zur EU.
Il y a quinze ans, personne ne croyait à une adhésion de l'Autriche à l'UE.

Vor der Abstimmung haben die Österreicher viel über diese Frage nachgedacht.
Avant le référendum, les Autrichiens ont beaucoup réfléchi à la question.

**1.b)**

Der IWF unterstützt die Länder der Dritten Welt mittels Darlehen.
Le FMI soutient les pays du Tiers monde au moyen de prêts.

Aber viele Länder halten die drakonischen Bedingungen nicht aus.
Mais beaucoup de pays ne supportent pas les conditions draconiennes.

Wird man im 21. Jahrhundert noch den Schilling verwenden?
Au XXI$^{ème}$ siècle, utilisera-t-on encore le schilling / se servira-t-on encore du schilling?

Die alten Banknoten werden schon sehr abgenützt sein.
Les vieux billets de banque seront déjà très usés.

Der Verkehrsminister hat den EU-Kommissar besucht.
Le ministre des Transports a rendu visite au commissaire de l'UE / est allé voir le commissaire de l'UE.

Er hat die Gelegenheit genützt, um das Atomium zu besichtigen.
Il a profité de l'occasion pour visiter l'Atomium.

Welche Schule haben Sie besucht?
Quelle école avez-vous fréquentée?

Seit drei Wochen warten wir auf eine Antwort.
Nous attendons une réponse depuis trois semaines.

Wenn der Krieg ausbricht, werden die ausländischen Unternehmer fortgehen.
Si la guerre éclate, les entrepreneurs étrangers partiront / s'en iront.
(Quand la guerre éclatera,...)

Die OPEC-Vertreter haben Wien verlassen, ohne ein Abkommen unterzeichnet zu haben.
Les représentants de l'OPEP ont quitté Vienne sans avoir signé un traité / accord.

Bevor ein Land der Währungsunion beitreten kann, muß es alle Kriterien erfüllen.
Avant qu'un pays (ne) puisse adhérer à l'Union monétaire, il doit remplir tous les critères.

Es ist schwierig, die Verantwortlichen zu erreichen.
Il est difficile de joindre les responsables.

Viele europäische Unternehmen leiden unter der starken asiatischen Konkurrenz.
Beaucoup d'entreprises européennes souffrent de la forte concurrence asiatique.

Kein österreichischer Sportler wird am Wettbewerb teilnehmen.
Aucun sportif autrichien ne participera à la compétition.

Zeit ist Geld.
Le temps, c'est de l'argent.

Die D-Mark und der Schweizer Franken gehören zu den harten Währungen.
Le mark allemand (le deutschemark) et le franc suisse font partie des monnaies fortes.

Ich habe die Taschen voller Kleingeld.
J'ai les poches pleines de petite monnaie.

Dieser Automat nimmt nur Münzen an.
Ce distributeur n'accepte que les pièces de monnaie.

Solche Automaten gibt es an jedem Straßeneck.
On trouve de tels distributeurs à tous les coins de rue.

Die Leute glauben, daß ihr Vermögen nicht gefährdet ist.
Les gens croient que leur fortune / patrimoine n'est pas en danger.

Das Volk möchte von den Politikern ernstgenommen werden.
Le peuple voudrait être pris au sérieux par les hommes politiques.

Aufgrund der Inflation ist die Kaufkraft ständig gesunken.
En raison de / Par suite de l'inflation, le pouvoir d'achat a constamment baissé.

Das Sinken der Kaufkraft ist auf die Inflation zurückzuführen.
La baisse du pouvoir d'achat est due à l'inflation.

1.c)

Die Kaufleute fürchten, daß der Mehrwertsteuersatz angehoben wird.
Les commerçants craignent que le taux de TVA (ne) soit relevé / augmenté.

Der Handwerker möchte, daß ein Obelisk vor seiner Werkstatt errichtet wird.
L'artisan voudrait qu'un obélisque soit élevé / érigé devant son atelier.

Die Inflationsrate hat sich auf 6% erhöht.
Le taux d'inflation s'est accru / a augmenté pour passer à 6%.

In Griechenland beträgt die Rate sogar 15%.
En Grèce, le taux s'élève même à 15%. (...est même de 15% / se monte même à 15%.)

Die Privatisierungsserie hat eine Sättigung des Börsenmarktes bewirkt.
La série de privatisations a causé / entraîné une saturation du marché boursier.

Die neue Koalition hat die Absicht, radikale Reformen durchzuführen.
La nouvelle coalition a l'intention d'effectuer des réformes radicales.

2)

Dieses Problem ist nicht leicht zu lösen.
Ce problème n'est pas facile à résoudre.

Der Markt ist durch beträchtliche Zölle geschützt.
Le marché est protégé par des droits douaniers / des droits de douane considérables.

Die Summe muß in D-Mark ausgedrückt werden.
La somme doit être exprimée en marks allemands (en deutschemarks).

1995 erwartete niemand einen derartigen Wirtschaftsaufschwung.
En 1995 personne ne s'attendait à un tel essor économique.

Ich habe nicht erwartet, so wenig zu verdienen.
Je ne m'attendais pas à gagner si peu.

Die Leute erwarten, daß diese Bank bald in Konkurs gehen wird.
Les gens s'attendent à ce que cette banque fasse bientôt faillite.

Die Ergebnisse entsprechen nicht den Erwartungen des Vorstandes.
Les résultats ne correspondent pas aux attentes du directoire.

Der Minister hat die Schaffung neuer Arbeitsplätze versprochen.
Le ministre a promis la création de nouveaux emplois.

Die Investitionen dienen dazu, die Produktivität zu steigern.
Les investissements servent à relever / augmenter la productivité.

Die Leistungsbilanz weist weiterhin ein Defizit auf.
La balance des opérations courantes continue à accuser / afficher un déficit.

Für die Versicherungspolizze ist der Spediteur verantwortlich.
C'est le transporteur qui est responsable de la police d'assurance.

Die derzeitige Finanzkrise ist auf Spekulationen zurückzuführen.
La crise financière actuelle est due à des spéculations.

Nichtsdestoweniger bleibt der Präsident der Zentralbank optimistisch.
Néanmoins, le président de la Banque centrale reste optimiste.

Theoretisch müßte die Abwertung die Exporte stimulieren.
Théoriquement, la dévaluation devrait stimuler / relancer les exportations.

Ich werde Ihnen diesen Brief und diese nützlichen Informationen schicken.
Je vais vous envoyer cette lettre et ces informations utiles.

Die Führungskräfte haben schon verschiedene /diverse Strategien ausprobiert.
Les dirigeants / cadres ont déjà essayé différentes / diverses stratégies.

Aber zahlreiche Probleme bestehen weiterhin.
Mais de nombreux problèmes subsistent. (...continuent à exister.)

Der Vorstand will einerseits Rücklagen bilden und andererseits dringende Investitionen durchführen.
Le directoire veut d'un côté constituer des réserves et de l'autre effectuer des investissements urgents. (d'une part... d'autre part)

Eine neue Maschine würde 10 Millionen Schilling kosten.
Une nouvelle machine coûterait 10 millions de schillings.

Laut IWF beträgt die Unterstützung 20 Milliarden Dollar.
Selon / D'après le FMI, l'aide s'élève à 20 milliards de dollars.

Das entspricht einem Drittel der Verschuldung.
Cela correspond à un tiers de l'endettement.

Daher wird ein zusätzlicher Kredit notwendig sein.
C'est pourquoi un crédit supplémentaire sera nécessaire.

Trotzdem erwartet man nicht, daß die gesamte Schuld zurückgezahlt wird.
Malgré cela, on ne s'attend pas à ce que la totalité de la dette soit remboursée. / On ne s'attend pourtant / cependant pas à ce que la totalité de la dette soit remboursée.

3)

Man kann verschiedene Kategorien von Gesellschaften unterscheiden.
On distingue différentes catégories de sociétés.

Bei genauerem Hinsehen kann man feststellen, daß ein einziger Kandidat allen Anforderungen entspricht.
En y regardant de plus près, on constate qu'un seul candidat satisfait à toutes les exigences.

Der Umsatz ist abhängig vom Gelingen unserer Werbekampagne.
Le chiffre d'affaires dépend de la réussite de notre campagne publicitaire.

Leasing macht es möglich, stets über das neueste Modell zu verfügen.
Le crédit-bail permet de toujours disposer du modèle le plus récent.

Die Abwertung hat nicht zum erwarteten Aufschwung geführt.
La dévaluation n'a pas entraîné l'essor prévu / n'a pas conduit à l'essor prévu.

4)

Die Produktionskosten sind in Frankreich höher als in Japan.
Les coûts de production sont plus élevés en France qu'au Japon.

Der Eiffelturm ist sehr hoch.
La Tour Eiffel est très haute.

Wir kennen noch nicht die Höhe der Rechnung.
Nous ne connaissons pas encore le montant de la facture.

Die Höhe des Eiffelturms beträgt 318 Meter.
La hauteur de la Tour Eiffel est de 318 mètres.

Kürzlich wurde die genaue Höhe des Mount Everest gemessen.
Récemment, on a mesuré l'altitude exacte du Mont Everest.

Der Umsatz weist eine negative Entwicklung auf.
Le chiffre d'affaires connaît / accuse une évolution négative.

Die Senkung der Zölle wird eine Entwicklung des Handels nach sich ziehen.
La baisse des droits douaniers / des droits de douane entraînera un développement du commerce.

Volkswirtschaft wird an verschiedenen Universitäten unterrichtet.
L'économie politique est enseignée dans différentes universités.

Die Volkswirtschaften Frankreichs und seiner ehemaligen Kolonien sind eng miteinander verbunden.
Les économies nationales de la France et de ses anciennes colonies sont étroitement liées entre elles.

Die Abwertung sollte positive Auswirkungen auf die Handelsbilanz haben.
La dévaluation devrait avoir des effets positifs sur la balance commerciale.

Das Eigenkapital befindet sich auf der Passivseite der Bilanz.
Le capital propre se trouve dans le / au passif du bilan.

Die Steuer wird direkt vom Gehalt abgezogen.
L'impôt est directement déduit du salaire.

Alle Autofahrer werden von der neuen Steuer betroffen sein.
Tous les automobilistes seront concernés par la nouvelle taxe.

Der Überschuß der Handelsbilanz ist auf die schwache Währung zurückzuführen.
L'excédent de la balance commerciale est dû à la monnaie faible.

Der auf die Überproduktion zurückzuführende Getreideüberschuß wird vernichtet werden.
Le surplus de céréales dû à la surproduction sera détruit.

Die Gründung eines Unternehmens ist ein langwieriger Prozeß.
La création d'une entreprise est un processus de longue durée.

Die Journalisten warten auf das Ergebnis des Prozesses gegen den ehemaligen Minister.
Les journalistes attendent le résultat du procès contre l'ancien ministre.

Die wichtigsten statistischen Daten stehen im Jahresbericht.
Les principales données statistiques figurent dans le rapport annuel.

Der Brief trägt das gestrige Datum.
La lettre porte la date d'hier.

Die Verabredung wurde auf 16 Uhr verschoben.
Le rendez-vous a été reporté à 16 heures.

Die Zahlen stammen aus einem Bericht der OECD.
Les chiffres sont tirés d'un rapport de l'OCDE.

Die Zahl der Arbeitslosen ist von 2,5 auf 3 Millionen gestiegen.
Le nombre des chômeurs est passé de 2,5 à 3 millions.

Der Erdölpreis unterliegt starken Schwankungen.
Le prix du pétrole est soumis à de fortes fluctuations.

Die Umweltschützer verlangen eine zusätzliche Besteuerung des Benzins.
Les écologistes demandent / réclament une taxation supplémentaire de l'essence.

Sie will einen Salat ohne Öl zubereiten.
Elle veut préparer une salade sans huile.

Unser Warenlager ist 5 Millionen Schilling wert.
Nos stocks de marchandises valent 5 millions de schillings.

Es gibt im Lager keinen Platz mehr.
Il n'y a plus de place dans le dépôt / l'entrepôt.

Die Ausbildung wird durch ein Praktikum im Ausland vervollständigt.
La formation est complétée par un stage à l'étranger.

Er will seine Ausbildung an einem Gymnasium fortsetzen.
Il veut poursuivre son éducation dans un lycée.

Die Bauern fordern ständig neue Subventionen.
Les agriculteurs exigent constamment de nouvelles subventions.

Wir wollen unseren Urlaub bei einem Bauern in Tirol verbringen.
Nous voulons passer nos vacances chez un paysan / fermier au Tyrol.

Die Privatisierung des Telekommunikationsbereichs wird in drei Jahren beendet sein.
La privatisation (du secteur) des télécommunications sera terminée dans trois ans.

1995 war ein ausgezeichnetes Jahr für die chinesische Wirtschaft.
1995 a été une année excellente pour l'économie chinoise.

Das Geschäftsjahr hat nicht die erhofften Ergebnisse erbracht.
L'exercice n'a pas apporté les résultats espérés.

In allen Ministerien wird man sparen müssen.
Dans tous les ministères, il faudra économiser.

In Krisenzeiten sparen die Leute oft, anstatt zu konsumieren.
En temps de crise, les gens épargnent souvent au lieu de consommer.

Jedermann weiß, daß man Ersparnisse haben muß, wenn es der Wirtschaft schlecht geht.
Tout le monde sait qu'il faut avoir des économies lorsque l'économie va mal.

Der Computer ermöglicht beträchtliche Personaleinsparungen.
L'ordinateur permet de faire des économies de personnel considérables.

Die Inflation hat einen Rückgang des Sparens (der Sparquote) bewirkt.
L'inflation a causé / entraîné un recul de l'épargne (du taux d'épargne).

Die neue Sparpolitik zielt darauf ab, das Budgetdefizit zu senken.
La nouvelle politique de rigueur / d'austérité vise à réduire le déficit budgétaire.

Der Vorstand hat die Absicht, die Satzung zu ändern.
Le directoire a l'intention de modifier les statuts.

Seit Beginn des Jahrzehnts haben sich die wirtschaftlichen Bedingungen geändert.
Depuis le début de la décennie, les conditions économiques ont changé.

Die Briten lehnen jegliche Änderung des Abkommens ab.
Les Britanniques refusent toute modification du traité.

Diese Meinungsänderung hat alle überrascht.
Ce changement d'opinion a surpris tout le monde.

Ich habe nicht genug Bargeld bei mir, um bar zu zahlen.
Je n'ai pas assez d'argent liquide sur moi pour payer en espèces / en liquide.

Wenn Sie bar zahlen, gewähren wir Ihnen 5% Skonto.
Si vous payez (au) comptant, nous vous accordons 5% d'escompte.

Unser Unternehmen liefert seit einem Jahrhundert Qualitätsprodukte.
Notre entreprise fournit des produits de qualité depuis un siècle.

Wir liefern alle Waren frei Haus.
Nous livrons toutes les marchandises franco domicile.

Da es sich um einen Fabrikationsfehler handelt, haftet der Lieferant.
Comme il s'agit d'un défaut de fabrication, c'est le fournisseur qui est responsable.

Der Lieferant hat schon einen Tag Verspätung; er wurde an der Grenze aufgehalten.
Le livreur a déjà un jour de retard; il a été retenu à la frontière.

Die Arbeitgeber hoffen, daß die Steuerlast bald erleichtert wird.
Les patrons (employeurs) espèrent que la charge fiscale sera bientôt allégée.

Der Beitritt zur WTO (World Trade Organization) hat den Zugang zu den ausländischen Märkten erleichtert.
L'adhésion à l'OMC (Organisation mondiale du commerce) a facilité l'accès aux marchés étrangers.

Nachdem sie die Verhandlungen beendet hatten, fühlten sich alle Teilnehmer erleichtert.
Après avoir terminé les négociations, tous les participants se sont sentis soulagés.

Der Präsident wurde mit einer Mehrheit von 53% gewählt.
Le Président a été élu par une majorité de 53%.

Ich habe noch nicht entschieden, wen ich wählen werde (für wen ich stimmen werde).
Je n'ai pas encore décidé pour qui je vais voter.

Die Daten wurden bei einer Pressekonferenz mitgeteilt.
Les données ont été communiquées lors d'une / à l'occasion d'une conférence de presse.

Man erhält das Visum beim Konsulat.
On obtient le visa auprès du consulat. / Le visa s'obtient auprès du consulat.

Wir kaufen die Produkte direkt bei einem Bauern.
Nous achetons les produits directement chez un paysan.

Die Inflation ist gegenüber Juli um 2 Prozentpunkte gestiegen.
L'inflation a augmenté de 2 points par rapport au mois de juillet.

Das Lager befindet sich gegenüber der Fabrik.
Le dépôt / l'entrepôt se trouve en face de / vis-à-vis de l'usine.

Die Politiker stehen einem wirtschaftlichen Desaster gegenüber.
Les hommes politiques se trouvent face à un désastre économique.

Angesichts des wirtschaftlichen Desasters drängt sich eine Sparpolitik auf.
Face au désastre économique, une politique de rigueur / d'austérité s'impose.

Während die Kosten gesunken sind, tendieren die Preise zum Steigen.
Alors que / Tandis que les coûts ont baissé, les prix tendent à augmenter.

Holen Sie die Waren, während ich die Rechnung erstelle!
Allez chercher les marchandises pendant que je rédige la facture!

Man muß die Inlandsnachfrage ankurbeln, während man gleichzeitig mehr exportiert.
Il faut stimuler la demande intérieure tout en exportant plus.

**5)**

Die Beschäftigtenzahl / der Personalstand unterliegt Schwankungen je nach Jahreszeit.
Les effectifs sont soumis à des fluctuations selon les saisons.

Die Personalabteilung verwaltet die Akten von mehr als tausend Arbeitnehmern.
Le service du personnel gère les dossiers de plus de mille salariés.

Jeder vierte Arbeitnehmer ist Angestellter; die anderen sind Arbeiter.
Un salarié sur quatre est employé; les autres sont ouvriers.

Die Reform kann entweder die erwerbsfähige Bevölkerung oder die Pensionisten begünstigen.
La réforme peut privilégier / favoriser soit la population active soit les retraités.

Austauschprogramme vertiefen die Freundschaft zwischen den Völkern.
Les programmes d'échange approfondissent l'amitié entre les peuples.

Das Wachstum der Weltbevölkerung beunruhigt viele Leute.
La croissance de la population mondiale inquiète beaucoup de gens.

Die Einnahmen aus der Privatisierung dienen dazu, das Budgetdefizit auszugleichen.
Les recettes de la privatisation servent à combler le déficit budgétaire.

Alle Arten von Einkommen unterliegen Steuern.
Toutes les formes de revenu(s) sont soumises à des impôts.

Unsere Produktpalette umfaßt unter anderem Katzen- und Hundefutter.
Notre gamme de produits comprend entre autres de la nourriture pour chats et pour chiens.

Derzeit besteht die EU aus 15 Mitgliedern.
Actuellement, l'UE est constituée de / se compose de 15 membres.

Das neue Gesetz enthält weniger Verbote als das alte.
La nouvelle loi contient moins d'interdictions que l'ancienne.

Wir möchten vermeiden, unnötige Steuern zu zahlen.
Nous voudrions éviter de payer des impôts inutiles.

Die Hauptversammlung hat die vom Vorstand vorgeschlagene Erhöhung des Grundkapitals verhindert.
L'assemblée générale a empêché l'augmentation du capital social proposée par le directoire.

Die Erbschaft wurde mit 12 Millionen Pfund bewertet.
L'héritage a été évalué à 12 millions de livres.

- Eine böse Überraschung für die Erben, die sie auf 20 Mio. geschätzt hatten.
- Une mauvaise surprise pour les héritiers, qui l'avaient estimé à 20 millions.

Sie schätzen nun (= sind der Ansicht), daß der Notar sich in seinen Berechnungen geirrt hat.
Ils estiment à présent que le notaire s'est trompé dans ses calculs.

Die schlechte Geschäftsführung der Gesellschafter hat Verluste verursacht (bewirkt) / nach sich gezogen.
La mauvaise gestion des associés a causé / entraîné des pertes.

Die Veröffentlichung dieser schlechten Ergebnisse hat (sofort) einen Kurssturz der Aktien hervorgerufen / ausgelöst.
La publication de ces mauvais résultats a (immédiatement) provoqué / déclenché une chute du cours des actions.

Die schlechte Geschäftsführung hat also (indirekt) zum Kurssturz geführt / den Kurssturz nach sich gezogen.
C'est donc la mauvaise gestion qui a (indirectement) conduit à / entraîné la chute du cours.

Die Liberalisierung der Regelung hat einen Aufschwung des Detailhandels bewirkt / nach sich gezogen.
La libéralisation de la réglementation a entraîné un essor du petit commerce.

Der Beginn des Ausverkaufs hat einen Sturm auf die Qualitätsprodukte hervorgerufen / ausgelöst.
Le début des soldes a déclenché une ruée sur les produits haut de gamme.

Einige / Manche Politiker verteidigen noch immer die Atomtests.
Certains hommes politiques défendent toujours les essais nucléaires.

Sie behaupten, daß die Auswirkungen nur einige / ein paar kleine Inseln betreffen.
Ils prétendent que les effets ne concernent que quelques petites îles.

Trotzdem haben die Umweltschützer mehrere Demonstrationen angekündigt.
Malgré cela, les écologistes ont annoncé plusieurs manifestations.

Im vorigen Jahr sind die Preise der Lebensmittel kaum gestiegen.
L'année dernière (passée), les prix des produits alimentaires n'ont guère augmenté.

Im vorangegangenen Jahr (Im Jahr davor) war die Inflationsrate noch sehr hoch gewesen.
L'année précédente (L'année d'avant), le taux d'inflation avait encore été très élevé.

Im nächsten Jahr werden wir unsere Investitionen stark reduzieren.
L'année prochaine, nous réduirons fortement nos investissements.

Im darauffolgenden Jahr (Im Jahr danach) werden wir also über hohe Rücklagen verfügen.
L'année suivante (L'année d'après), nous disposerons donc de réserves élevées / importantes.

Die Portogebühren sind zusätzlich zu bezahlen.
Les frais de port sont à payer en plus.

Außerdem müssen die Waren noch verzollt werden.
De plus / En outre, les marchandises doivent encore être dédouanées / sont encore à dédouaner.

Dank der Marktstudie konnte das Unternehmen seine Wettbewerbsfähigkeit verbessern.
Grâce à l'étude de marché, l'entreprise a réussi à améliorer sa compétitivité.

Wegen / Aufgrund der Konkurrenz werden wir keine neue Filiale gründen.
En raison de la concurrence, nous ne créerons pas de nouvelle succursale. / Nous ne créerons pas de nouvelle succursale à cause de / en raison de la concurrence.

Die Leute kaufen aufgrund des Börsenaufschwungs immer mehr Aktien.
Les gens achètent de plus en plus d'actions en raison de l'essor boursier.

Der Generaldirektor mußte wegen / infolge Insider-Trading zurücktreten.
Le P.-D.G. a dû démissionner à cause d'un / en raison d'un délit d'initié.

Im Notfall gewährt die Bank einen kurzfristigen Kredit.
En cas d'urgence, la banque accorde un crédit à court terme.

Im Fall eines Überschusses werden wir die Preise senken; im Fall einer schlechten Ernte werden wir sie erhöhen.
Dans le cas d'un surplus, nous baisserons les prix; dans le cas d'une mauvaise récolte, nous les augmenterons (en cas de surplus / en cas de mauvaise récolte).

6)

Die Gewinn- und Verlustrechnung ermöglicht es, den Gewinn oder den Verlust eines Unternehmens zu errechnen.
Le compte de pertes et profits / Le compte de résultat permet de calculer les bénéfices ou les pertes d'une entreprise.

Die WTO (World Trade Organization) regelt den Welthandel.
L'OMC (Organisation mondiale du commerce) règle les échanges mondiaux / le commerce mondial.

Der Absatz von Software steigert sich rascher als der von Hardware.
Les ventes de logiciel(s) progressent / augmentent plus rapidement que celles de matériel.

Ein Defizit der Handelsbilanz bedeutet, daß der Import von Waren den Export übersteigt.
Un déficit de la balance commerciale signifie que les importations de marchandises dépassent les exportations.

Die Verringerung der Beschäftigtenzahl / des Personalstands ist kein Wunder(heil)mittel.
La réduction des effectifs n'est pas un remède miracle.

Wir müssen versuchen, so schnell wie möglich unser gesamtes Lager abzusetzen.
Nous devons essayer d'écouler le plus rapidement possible tous nos stocks.

Die Konservativen haben die letzte Parlamentswahl gewonnen.
Ce sont les conservateurs qui ont remporté / gagné les dernières élections législatives.

7)

Die Rendite einer Investition hängt vom eingegangenen Risiko ab.
Le rendement d'un investissement dépend du risque encouru.

Die Auslagerung der Produktion ist für die Arbeitslosigkeit verantwortlich.
C'est la délocalisation de la production qui est responsable du chômage.

Der Chefredakteur selbst hat die Reportage geschrieben.
C'est le rédacteur en chef lui-même qui a écrit le reportage.

Hier sind die Ergebnisse der letzten Umfrage des französischen Statistischen Zentralamts.
Voici les résultats du dernier sondage de l'INSEE.

Wir ersuchen Sie, uns (noch) vor Ende des Monats ein Angebot zu unterbreiten.
Nous vous prions de nous soumettre une offre avant la fin du mois.

Der Nennwert einer Aktie ist niedriger als ihr Ausgabekurs.
La valeur nominale d'une action est inférieure à son prix d'émission.

Wir kennen nicht den Grund für diese Entscheidung des Verwaltungsrats.
Nous ne connaissons pas / Nous ignorons la raison de cette décision du conseil d'administration.

Der Anteil der Dienstleistungen am BSP ist in den letzten Jahren ständig gestiegen.
La part des services dans le PNB a constamment augmenté ces dernières années.

Ein Teil unserer Kunden ist unzufrieden mit unserem Kundendienst.
Une partie de nos clients est mécontente / sont mécontents de notre service après-vente.

Die RPR ist die (politische) Partei der Gaullisten in Frankreich.
Le RPR est le parti (politique) des gaullistes en France.

Der Konzern besteht aus einer Holding(gesellschaft) und einer ganzen Reihe von Töchtern.
Le groupe est constitué d'une société-holding (d'un holding) et de toute une série de filiales.

Worin besteht die Rolle der Abschlußprüfer in einer AG?
En quoi consiste le rôle des commissaires aux comptes dans une SA?

Sie üben eine gewisse Kontrolle über die Gebarung der Gesellschaft aus.
Ils exercent un certain contrôle sur les agissements de la société.

Die Inhaber von stimmrechtslosen Aktien erhalten / beziehen eine Vorzugsdividende.
Les détenteurs d'actions sans droit de vote touchent un dividende prioritaire.

'Excellence', das heißt Perfektion auf allen Gebieten / in allen Bereichen.
L'excellence, c'est la perfection dans tous les domaines.

Man ist nicht reich mit einer Million Alter Francs, denn das entspricht nur 10.000 Neuen Francs.
On n'est pas riche avec un million d'anciens francs, car cela ne correspond qu'à 10 000 nouveaux francs.

China zählt / hat mehr als eine Milliarde Einwohner.
La Chine compte / a plus d'un milliard d'habitants.

Er sprach vom Budget, ohne eine einzige Zahl zu nennen.
Il a parlé du budget sans citer un seul chiffre.

Diese Graphik zeigt die Entwicklung der Inflationsrate.
Ce graphique représente l'évolution du taux d'inflation.

8)

Die Lage unserer Branche hat sich sehr verändert.
La situation de notre branche / de notre secteur a beaucoup changé.

So hat sich unser Absatz im Laufe des letzten Geschäftsjahres verdoppelt.
Ainsi, nos ventes ont doublé au cours du dernier exercice.

Aber der unserer Konkurrenten hat sich sogar verdreifacht.
Mais celles de nos concurrents ont même triplé.

Der Umsatz der ganzen Branche steigt / erhöht sich weiterhin.
Le chiffre d'affaires de toute la branche continue à augmenter / à s'accroître.

Außerdem sinkt / verringert sich die Verschuldung der Unternehmen.
De plus / En outre, l'endettement des entreprises baisse / diminue / se réduit.

Der Gewinn der drei Branchenleader wird heuer 5 Milliarden Dollar betragen.
Cette année, les bénéfices des trois leaders de la branche s'élèveront à / seront de (se monteront à) 5 milliards de dollars.

Die Analysten erwarten, daß im nächsten Jahr eine neue Rekordzahl erreicht wird.
Les analystes s'attendent à ce qu'un nouveau chiffre record soit atteint l'année prochaine.

Man erwartet also einen regelrechten Boom.
On s'attend donc à un véritable boom.

9)

Die Kaufleute sind die Hauptnutznießer des Beitritts Österreichs zur EU. Dieser Beitritt ist auch der Industrie zugute gekommen. Andere Bereiche profitieren viel weniger davon.

Les commerçants sont les principaux bénéficiaires de l'adhésion de l'Autriche à l'UE. Cette adhésion a aussi bénéficié à / profité à l'industrie. D'autres domaines en bénéficient / en profitent beaucoup moins.

Wir finanzieren unsere Expansion nach Osten nicht selbst. Die Geldgeber, die sie finanziert haben, haben unsere Finanzen gut kontrolliert, bevor sie uns diese Finanzierung gewährt haben.

Nous ne finançons pas nous-mêmes notre expansion vers l'Est. Les financiers qui l'ont financée ont bien contrôlé nos finances avant de nous accorder ce financement.

Beim Erwerb eines Unternehmens erwirbt der Erwerber nicht nur die Gebäude und die Maschinen, sondern auch den Firmennamen. Die sozialen Errungenschaften der Belegschaft des Unternehmens, das er erworben hat, kann er jedoch in Frage stellen.

Lors de / À l'occasion de l'acquisition d'une entreprise, l'acquéreur acquiert non seulement les bâtiments et les machines, mais aussi la raison sociale. Il peut cependant / pourtant remettre en question les acquis sociaux des salariés de la société qu'il a acquise.

Die Gewerkschaften sehen sich als Förderer der Rechte der Arbeitnehmer. Sie tragen zu ihrem sozialen Aufstieg bei und fördern ihre Vertretung in den Unternehmen. Sie haben aber in der Vergangenheit nicht immer das Wirtschaftswachstum gefördert.

Les syndicats se voient comme les promoteurs des droits des salariés. Ils contribuent à leur promotion sociale et promeuvent / encouragent leur représentation dans les entreprises. Mais, dans le passé, ils n'ont pas toujours promu la croissance économique.

Wir lösen alle unsere Probleme legal, weil wir beschlossen haben, sie so zu lösen.
Nous résolvons tous nos problèmes légalement, parce que nous avons résolu / décidé de les résoudre ainsi.

Die Verträge sind gestern abgeschlossen worden. Daraus schließe ich, daß alle Probleme gelöst sind.
Les contrats ont été conclus hier. J'en conclus que tous les problèmes sont résolus.

Unser Partner hat uns eine Zahlungsfrist von 90 Tagen angeboten.
Notre partenaire nous a offert / proposé un délai de paiement de 90 jours.

Je mehr sie erzeugen, desto mehr senken sie ihre Kosten.
Plus ils produisent, plus ils réduisent leurs coûts.

10.a)

Die Verringerung des Preises für das Barrel Erdöl in den letzten drei Monaten wird jene günstige Konjunktur bringen, die die Regierung erhofft und die die Prognosen für das kommende Geschäftsjahr versprechen.
La diminution / réduction du prix du baril de pétrole dans les trois derniers mois apportera la conjoncture favorable espérée par le gouvernement et promise par les pronostics pour le prochain exercice.

Der Konflikt zwischen dem Exporteur und dem Importeur bezüglich der Zölle hat keinerlei Einfluß auf den Gegenstand ihres Vertrags.
Le conflit entre l'exportateur et l'importateur au sujet des droits de douane n'a aucune influence sur l'objet de leur contrat.

Der zyklische Charakter der Konjunktur ist eine charakteristische Auswirkung der kapitalistischen Mechanismen.
Le caractère cyclique de la conjoncture est un effet caractéristique des mécanismes capitalistes.

Die drei Hauptprojekte des Parlaments: Erstens, die Subventionen halbieren (= durch zwei dividieren); zweitens, das Gesetz über die Mehrwertsteuer revidieren; drittens, das Budget sanieren.
Les trois projets principaux du parlement: premièrement, diviser par deux les subventions; deuxièmement, réviser la loi sur la TVA (taxe à la / sur la valeur ajoutée); troisièmement, assainir le budget.

Die Beschäftigten der chemischen Industrie mit Medizin- oder Chemiediplom verlangen eine Anpassung ihrer Gehälter, um die Vorteile ihrer Kollegen, die Anwälte sind, zu kompensieren.
Les salariés de l'industrie chimique diplômés en médecine ou en chimie demandent une adaptation de leurs salaires, afin de / pour compenser les avantages de leurs collègues avocats.

10.b)

Mein Assistent hat eine Tendenz in den meisten wirtschaftlichen Disziplinen (zum Beispiel in der Buchhaltung) festgestellt: Die Ausrüstungsgüter zählen mehr als die Arbeitnehmer.
Mon assistant a constaté une tendance dans la plupart des disciplines économiques (en comptabilité, par exemple): les biens d'équipement comptent plus que les salariés.

Die Handelskorrespondenz verwendet eine eher eigentümliche Sprache.
La correspondance commerciale utilise un / se sert d'un langage plutôt spécial.

Die Geschwindigkeit (= der Rhythmus) der wirtschaftlichen Entwicklung befriedigt die Regierung, aber ein Handelsbilanzüberschuß ist weiterhin etwas Außergewöhnliches.
Le rythme du développement économique satisfait le gouvernement, mais un excédent commercial reste quelque chose d'exceptionnel.

10.c)

Die Kurse gewisser / mancher französischer Aktien interessieren auch die Amerikaner (und natürlich die Amerikanerinnen).
Les cours de certaines actions françaises intéressent aussi les Américains (et bien sûr les Américaines).

Die meisten Franzosen und sogar manche Französinnen lehnen es ab, einkaufen zu gehen (= Einkäufe zu machen).
La plupart des Français et même certaines Françaises refusent de faire les courses.

Nationale Konflikte lassen soziale Unterschiede (= Ungleichheiten) vorübergehend vergessen.
Les conflits nationaux font oublier momentanément les inégalités sociales.

Steuerreformen für eine gerechtere (= gleichere) Verteilung der Einkommen waren Teil der Wahlversprechen der Liberalen.
Des réformes fiscales pour une répartition plus égale des revenus faisaient partie des promesses électorales des libéraux.

Der positive Saldo unserer Handelsbilanz ist auf unsere aktive Außenhandelspolitik und auf unsere konkurrenzfähigen und modernen Produkte zurückzuführen.
Le solde positif de notre balance commerciale est dû à notre politique commerciale active et à nos produits compétitifs et modernes.

Man hat eine deutliche Erhöhung der Bruttoexporte festgestellt.
On a constaté une augmentation nette des exportations brutes.

Das Steigen der Einkommen im öffentlichen Sektor / im öffentlichen Dienst hat die Angestellten des privaten Sektors empört.
La hausse des revenus dans le secteur public / dans la fonction publique a indigné les employés du (secteur) privé.

Warum haben die dicken Bücher der wissenschaftlichen Experten niemals Erfolg?
Pourquoi les gros livres des experts scientifiques n'ont-ils jamais de succès?

- Weil das Publikum lieber die Zusammenfassungen in den Zeitschriften liest.
- Parce que le public préfère (en) lire les résumés dans les magazines / revues.

Die OPEC-Länder haben nicht mehr das Monopol für Erdöl.
Les pays de l'OPEP n'ont plus le monopole du pétrole.

Ich bin ein Spezialist für Informatik-Programme, und trotzdem habe ich Probleme mit meinem Betriebssystem.
Je suis un spécialiste des programmes informatiques, et pourtant (et malgré cela), j'ai des problèmes avec mon système d'exploitation.

**10.d)**

Wenn Sie sich an die Mitglieder des Personals wenden, verwenden Sie bitte deren berufliche Anschrift.
Lorsque vous vous adressez aux membres du personnel, veuillez utiliser leur adresse professionnelle.

Unter unseren Aktionären haben wir sehr bekannte Persönlichkeiten und viele hohe Beamte, die unseren traditionellen Führungsstil schätzen.
Parmi nos actionnaires, nous avons des personnalités très connues et beaucoup de hauts fonctionnaires, qui apprécient / estiment notre style de gestion traditionnel.

Die letzte Etappe der Währungsunion bedeutet das Ende der nationalen Währungen und vielleicht auch des Protektionismus.
La dernière étape de l'Union monétaire signifie la fin des monnaies nationales, et peut-être aussi du protectionnisme.

Er hat die Bestellung annulliert, weil das Produkt auf dem grauen Markt (= Parallelmarkt) billiger war.
Il a annulé la commande, parce que le produit était moins cher sur le marché parallèle.

**10.e + 10.f)**

Seit die Zinssätze steigen, kommen Kredite teuer - vor allem für Gesellschaften, die nicht an der Börse notieren.
Depuis que les taux d'intérêt augmentent, les crédits coûtent cher, surtout pour les sociétés qui ne sont pas cotées en Bourse.

Der Staatssekretär, der Erdöl um 75 französische Francs pro Barrel einkaufen will, hofft, daß es keine Probleme geben wird.
Le secrétaire d'État, qui veut acheter du pétrole à 75 francs français le baril, espère qu'il n'y aura pas de problèmes.

Einerseits sind Tausende Arbeitsplätze geschaffen worden, andererseits ist / bleibt die Arbeitslosigkeit weiterhin hoch.
D'un côté, des milliers d'emplois ont été créés, de l'autre, le chômage reste élevé. (D'une part... d'autre part)

Die Institutionen, die vom Staat geschaffen wurden, um das Französische zu verteidigen, schaffen neue Termini, die die Franzosen fast nie verwenden; man braucht aber diese Organisationen, die also nicht unnötige Ausgaben darstellen.
Les institutions créées par l'État pour défendre le français créent des termes nouveaux que les Français n'utilisent presque jamais; on a pourtant besoin de ces organismes, qui ne représentent donc pas des dépenses inutiles.

Unsere Public-Relations-Abteilung hat eine teure, aber vielversprechende Maßnahme erfunden: Sie kauft Fernsehanstalten, weil wir hoffen, daß unser Generaldirektor Premierminister werden könnte.
Notre service de relations publiques a inventé une mesure chère, mais prometteuse: il achète des chaînes de télévision, parce que nous espérons que notre P.-D.G. pourrait devenir Premier ministre.

# EXERCICES D'APPROFONDISSEMENT - CORRIGÉ

**1)**

**1.a)**

| | |
|---|---|
| Alle Welt kennt den Unterschied zwischen einer Tochtergesellschaft und einer Filiale, weil er in der ganzen Welt der gleiche ist, oder wenigstens in den meisten Ländern. | Tout le monde connaît la différence qui existe / qu'il y a entre une filiale et une succursale, parce que c'est la même dans le monde entier, ou du moins dans la plupart des pays. |
| Die Zeichnung der jungen Aktien erfolgt mittels einer einfachen Unterschrift. | La souscription des actions nouvelles se fait au moyen d'une simple signature. |
| Um Konkurse und Demonstrationen zu vermeiden, forciert / fördert die Regierung Investitionen. Sie zwingt die Unternehmer fast zum Investieren, indem sie Kredite gewährt, bei denen man den Großteil des geliehenen Geldes / den Großteil der geliehenen Mittel zurückzahlen muß, aber nicht die Gesamtheit. | Pour éviter les faillites et les manifestations, le gouvernement promeut / encourage les investissements. Il force presque les entrepreneurs à investir, en accordant / octroyant des crédits où il faut rembourser la plus grande partie de l'argent emprunté / la plus grande partie des fonds empruntés, mais pas la totalité. |
| Dank intensiver Anstrengungen hat sie eine Ausleseprüfung bestanden, und das Ministerium hat ihr die Chance gegeben / eröffnet, in Brüssel zu arbeiten. Was für ein Glück! | Grâce à des efforts intenses, elle a réussi un concours et le ministère lui a donné / offert la possibilité de travailler à Bruxelles. Quelle chance! |

Sprechen wir also von einem aktuellen Problem: Es ist traurig, aber laut den Umfragen ist die heutige / derzeitige konservative Partei für die Wähler nicht attraktiv. Vor drei Jahren, vor den letzten Wahlen, erschien sie noch relativ effizient; aber danach hat sich ihre Lage verschlechtert und ist heute eher trist.

Parlons donc d'un problème d'actualité: c'est triste, mais selon / d'après les sondages, le parti conservateur actuel n'est pas attrayant pour les électeurs. Il y a trois ans, avant les dernières élections, il avait encore l'air relativement efficace; mais après, sa situation s'est détériorée, et elle est actuellement plutôt grave / difficile / morose.

Dann begann er seine Beweisführung: Mit dem Zeigefinger zeigte er auf die Kurve, die die tatsächliche Entwicklung des Verbraucherpreisindex zeigte.

Alors / Ensuite, il a commencé sa démonstration: de l'index, il a montré / indiqué la courbe qui représentait l'évolution effective de l'indice des prix à la consommation.

**1.b)**

Infolge / Aufgrund der Konkurrenz des Dollars, die auf das Prestige der USA zurückzuführen ist, verwendet niemand mehr unsere heimische Währung.

Par suite de / En raison de la concurrence du dollar, due au prestige des États-Unis, personne ne se sert plus de.../ personne n'utilise plus notre monnaie nationale.

Warten Sie ein paar Jahre: Bald werden die meisten Leute, sogar die Leute aus dem Volk, lieber Kreditkarten verwenden als (anstelle von) Banknoten und Kleingeld.

Attendez quelques années: bientôt la plupart des gens, même les gens du peuple, préféreront utiliser des / se servir de cartes de crédit au lieu de billets de banque et de petite monnaie.

"Ich habe kein Geld", beklagt sich ein Teilnehmer am Bettler-Wettbewerb, "nur einige Münzen, die schon sehr abgenützt sind - noch dazu in fremder Währung. Und dort drüben im Eck steht schon ein anderer Bettler, der mir Konkurrenz macht."

«Je n'ai pas d'argent, se plaint un participant de la compétition de mendiants, rien que quelques pièces de monnaie, qui sont déjà très usées - et en monnaie étrangère par-dessus le marché. Et là-bas, dans le coin, il y a déjà un autre mendiant qui me fait concurrence.»

- Ich muß jetzt fortgehen.
- Sie wollen uns schon verlassen?
- Ja; ich muß dringend telefonisch meinen Onkel, den Staatssekretär, erreichen, der mich während meines Studiums unterstützt hat. Ich möchte ihn besuchen, um seiner Partei beizutreten.

- Il faut que je parte maintenant.
- Vous voulez déjà nous quitter?
- Oui; je dois joindre d'urgence par téléphone mon oncle, le secrétaire d'État, qui m'a soutenu pendant mes études. Je voudrais lui rendre visite / aller le voir pour adhérer à son parti.

Ich halte diese Leute nicht aus, die unsere Universität nur besichtigen kommen, ohne die Absicht zu haben, sie tatsächlich zu besuchen.

Je ne supporte pas ces gens qui viennent simplement visiter notre université, sans avoir l'intention de la fréquenter effectivement.

**1.c)**

Der Finanzminister hat die Steuern erhöht, weil sich seine Ausgaben erhöht hatten und bereits 1000 Mrd. Francs betrugen.

Le ministre des Finances a relevé / augmenté les impôts, parce que ses dépenses s'étaient accrues / avaient augmenté et s'élevaient déjà à 1000 milliards de francs français. (étaient déjà de.../ se montaient déjà à...)

Die Steuererhöhung hat einen Umschwung der öffentlichen Meinung bewirkt, der den Premierminister gezwungen hat, gewisse Veränderungen in seiner Regierung durchzuführen.

L'augmentation des impôts a causé / entraîné un revirement de l'opinion publique, qui a obligé / forcé le Premier ministre à effectuer certaines modifications dans son gouvernement.

Er hat seinem Minister ein Denkmal gesetzt, und dann hat er ihn zu den Bauern geschickt, Schweine züchten.

Il a élevé un monument à son ministre, et puis il l'a envoyé chez les paysans élever les cochons.

**2)**

Verschiedene / diverse / zahlreiche Politiker sind zu optimistisch; daher erwarten sie, die Probleme der Leistungsbilanz lösen zu können.

Différents / divers / de nombreux hommes politiques / politiciens sont trop optimistes; c'est pourquoi ils s'attendent à pouvoir résoudre les problèmes de la balance des opérations courantes.

Diese Erwartungen drücken ein gewisses Vertrauen in die finanziellen Maßnahmen aus, die getroffen wurden, um Arbeitsplätze zu schaffen.

Ces attentes expriment une certaine confiance dans les mesures financières prises pour / afin de créer des emplois.

Theoretisch kann man nicht erwarten, daß die Spediteure große Investitionen tätigen, um die Umwelt zu schützen. Trotzdem darf man sie nicht verdammen.

Théoriquement, il ne faut pas s'attendre à ce que les transporteurs effectuent des investissements importants pour / afin de protéger l'environnement. Malgré cela, il ne faut pas les condamner. / Il ne faut pourtant / cependant pas les condamner.

Einerseits stellen 10 Mio. S einen großen Betrag dar, andererseits ist das alles nichts gegenüber 20 Mrd. $.

D'un côté,10 millions de schillings représentent une somme importante, de l'autre, tout cela n'est rien par rapport à 20 milliards de dollars.(d'une part/d'autre p.)

3)

<u>Man kann feststellen</u>, daß die Arbeitslosigkeit, von der <u>man</u> mehrere Arten <u>unterscheiden kann</u>, von der konjunkturellen Entwicklung <u>abhängig ist</u>; das Studium der Konjunktur <u>ermöglicht</u> es also, Prognosen über die Arbeitslosenrate zu erstellen, und <u>führt</u> so <u>zu</u> einer Anpassung der Wirtschaftspolitik.

<u>On constate</u> que le chômage, dont <u>on</u> <u>distingue</u> plusieurs formes, <u>dépend</u> de l'évolution conjoncturelle; l'étude de la conjoncture <u>permet</u> donc d'établir des pronostics sur le taux de chômage et <u>conduit</u> ainsi <u>à</u> / <u>entraîne</u> ainsi un ajustement de la politique économique.

4)

Die ungünstige <u>Entwicklung</u> der Leistungs<u>bilanz</u> stellt das Hauptproblem der französischen <u>Volkswirtschaft</u> dar.

L'<u>évolution</u> défavorable de la <u>balance</u> des opérations courantes représente le problème principal de l'<u>économie nationale</u> de la France.

In der <u>Volkswirtschaft</u> beschäftigt man sich nicht mit den <u>Bilanzen</u> von Gesellschaften.

En <u>économie politique</u>, on ne s'occupe pas des <u>bilans</u> de sociétés.

<u>Hohe</u> Subventionen werden gewährt, um die <u>Entwicklung</u> der Landwirtschaft im <u>Hoch</u>gebirge zu fördern.

Des subventions <u>élevées</u> / importantes sont accordées pour encourager / promouvoir le <u>développement</u> de l'agriculture en <u>haute</u> montagne.

Die <u>Höhe</u> der Subventionen für den Erhalt der Wälder ist von der <u>Seehöhe</u> und von der <u>Höhe</u> der Bäume abhängig.

Le <u>montant</u> des subventions pour la conservation des forêts dépend de l'<u>altitude</u> et de la <u>hauteur</u> des arbres.

| | |
|---|---|
| Die Spionin hatte mir versprochen, mir die wichtigsten Daten zu einem bestimmten Datum bei (= anläßlich) einer Verabredung (Termin) gegenüber der französischen Nationalbank mitzuteilen. | L'espionne m'avait promis de me communiquer les données essentielles à une certaine date, lors d'un / à l'occasion d'un rendez-vous en face de / vis-à-vis de la Banque de France. |
| Kommentieren Sie diese beiden Zahlen: die Zahl von hohen Bergen und die Zahl der Nächtigungen in Tirol. | Commentez ces deux chiffres: le nombre de hautes montagnes et le nombre des nuitées au Tyrol. |
| Die französische Bäuerin kocht mit Olivenöl, die texanische Bäuerin mit Erdöl. | La paysanne / fermière française fait la cuisine à l'huile d'olive, la paysanne / fermière texane, au pétrole. |
| Im Lager (= Lagerhaus) lagern die Lager ( = Lagerbestände). | Les stocks sont entreposés / stockés dans le dépôt / dans l'entrepôt. |
| Die französische Handelsbilanz weist seit drei Jahren einen Überschuß auf, während die Bilanz meines Unternehmens seit drei Geschäftsjahren negativ ist - drei schwierige Jahre, während derer ich, trotz Einsparungen in allen Bereichen, nichts sparen (= ansparen) konnte. | La balance commerciale française affiche un excédent depuis trois ans, tandis que / alors que le bilan de mon entreprise est négatif depuis trois exercices - trois années difficiles, pendant lesquelles, malgré des économies dans tous les domaines, je n'ai rien pu épargner. |
| Das Sparen ist ein wichtiges Kapitel in der Volkswirtschaft. So verringern sich die Ersparnisse der Haushalte bei den Banken stets, wenn der Staat eine Sparpolitik betreibt. | L'épargne est un chapitre important en économie politique. Ainsi, les économies des ménages auprès des banques diminuent / se réduisent toujours lorsque l'État pratique une politique de rigueur / d'austérité. |

Obwohl wir einen Überschuß an Wasserkraft haben, ist es notwendig, Energie und besonders / insbesondere Benzin zu sparen.

Bien que nous ayons un surplus d'hydroélectricité, il est nécessaire d'économiser l'énergie et en particulier / surtout / notamment l'essence.

Die Einführung neuer Einkommen- oder Konsumsteuern würde die Budgetpolitik erleichtern und die politisch Verantwortlichen erleichtern; sie würde aber nicht die Steuerlast erleichtern.

L'introduction de nouveaux impôts (sur les revenus) ou de nouvelles taxes (sur la consommation) faciliterait la politique budgétaire et soulagerait les responsables politiques; mais elle n'allégerait pas la charge fiscale.

Wir liefern eine umfangreiche Palette von Produkten, die wir Ihnen auf Anfrage nach Hause liefern.

Nous fournissons une vaste gamme de produits, que nous vous livrons à domicile sur demande.

Wir kontrollieren die Rohstoffe lieber, während sie sich noch bei unserem Lieferanten (= Zulieferer) befinden und bevor er sie dem Lieferanten (= Zusteller) anvertraut, um Überraschungen im Zuge des Produktionsprozesses sowie spätere Rechtsstreitigkeiten und Prozesse zu vermeiden.

Nous préférons contrôler les matières premières pendant qu'elles se trouvent encore chez notre fournisseur et avant qu'il (ne) les confie au livreur, pour éviter / afin d'éviter des surprises au cours du processus de production ainsi que des litiges et des procès ultérieurs.

Ein Scheck ermöglicht es, bar (= sofort) zu zahlen, ohne bar - das heißt, mit Banknoten und Münzen - zu zahlen.

Un chèque permet de payer (au) comptant sans payer en liquide / en espèces, c'est-à-dire avec des billets de banque et des pièces de monnaie.

Angesichts der schwierigen politischen Lage werden viele Franzosen bei den Wahlen den Kandidaten der extremen Rechten wählen, obwohl sie wissen, daß er nicht gewählt werden wird. Diese Veränderung der politischen Landschaft gegenüber den letzten Wahlen zeugt von einem tiefen Wunsch nach Veränderung.

Face à la situation politique difficile, bien des / beaucoup de Français voteront pour le candidat d'extrême-droite lors des élections, bien qu'ils sachent qu'il ne sera pas élu. Cette modification du paysage politique par rapport aux dernières élections témoigne d'un profond désir de changement.

Damit sich die Welt verändert, müßte man die Haltung der Bauern gegenüber den Dünge- und Pflanzenschutzmitteln durch eine spezielle Ausbildung verändern, während man gleichzeitig Ökologie in die schulische Ausbildung integriert.

Pour que le monde change, il faudrait modifier l'attitude des agriculteurs vis-à-vis des engrais et des pesticides par une formation spécialisée, tout en intégrant l'écologie dans l'éducation scolaire.

5)

Das Personal von Klein- und Mittelbetrieben, deren Beschäftigtenzahl stark gestiegen ist, stellt eine Gruppe benachteiligter Arbeitnehmer dar; das betrifft die gesamte erwerbsfähige Bevölkerung, aber die Arbeiter noch stärker als die Angestellten.

Le personnel des PME (petites et moyennes entreprises), dont les effectifs ont fortement augmenté, constitue / représente un groupe de salariés sous-privilégiés; cela concerne la population active toute entière, mais les ouvriers encore plus que les employés.

Wenn jemand zu Ihnen von der Bevölkerung eines Landes spricht, ist er Demograph; jemand, der nur vom Volk spricht, ist sicher ein nationalistischer Ideologe.

Lorsque (Quand) quelqu'un vous parle de la population d'un pays, il est démographe; quelqu'un qui ne parle que du peuple est certainement un idéologue nationaliste.

Jemand, der seine Wertpapiere verkauft, tauscht momentane Einnahmen gegen eine Verringerung seines regelmäßigen Einkommens / seiner regelmäßigen Einkünfte ein.

Quelqu'un qui vend ses titres échange des recettes momentanées contre une réduction de ses revenus réguliers.

Der Bericht enthält folgende Feststellung: Der Verwaltungsrat, der aus etwa zwanzig Personen besteht, umfaßt viel mehr Männer als Frauen.

Le rapport contient la constatation suivante: le conseil d'administration, qui est constitué d'une vingtaine de personnes, comprend beaucoup plus d'hommes que de femmes.

Die Sparpolitik hat eine Woge der Unzufriedenheit in der öffentlichen Meinung bewirkt / nach sich gezogen, was zu massiven Demonstrationen geführt hat / was massive Demonstrationen nach sich gezogen hat, die durch ein merkliches Absinken der Kaufkraft verursacht / hervorgerufen wurden. Aber die End-Krise wurde durch Änderungen der Sozialgesetzgebung hervorgerufen / ausgelöst.

La politique de rigueur / d'austérité a causé / entraîné une vague de mécontentement dans l'opinion publique, ce qui a conduit à / entraîné des manifestations massives causées / provoquées par une baisse notable du pouvoir d'achat. Mais la crise finale a été provoquée / déclenchée par des modifications de la législation sociale.

Wenn Sie es stets vermeiden, in ausländischer Währung zu fakturieren, wird Sie das gelegentlich daran hindern, Wechselkursgewinne zu machen.

Si vous évitez toujours de facturer en monnaie étrangère, cela vous empêchera quelquefois de réaliser / de faire des gains de change.

Die Experten schätzen, daß drei Monate notwendig sein werden / daß man drei Monate brauchen wird, um dieses Unternehmen zu bewerten, bevor man es privatisieren kann. Die Kosten dieses Vorgangs werden auf 3 Mio. DM geschätzt, aber das Ergebnis könnte eine Euphorie an der Börse auslösen / hervorrufen.

Les experts estiment qu'il faudra trois mois pour évaluer cette entreprise, avant de pouvoir la dénationaliser. Les frais de cette opération sont estimés à 3 millions de marks allemands (de deutschemarks), mais le résultat pourrait déclencher une euphorie en Bourse.

Einige / Manche Spezialisten glauben, daß nur einige / ein paar Länder die Konvergenzkriterien rechtzeitig erfüllen werden können. In Wirklichkeit tun dies schon heute mehrere. Außerdem gibt es jetzt in der EU drei Länder zusätzlich (drei zusätzliche Länder).

Certains spécialistes pensent qu'il n'y a que quelques pays qui puissent remplir à temps les critères de convergence. En réalité, ils sont déjà plusieurs à le faire aujourd'hui / il y en a déjà plusieurs qui le font aujourd'hui. De plus / En outre, il y a maintenant dans l'UE trois pays en plus (trois pays supplémentaires).

Wegen / Infolge / Aufgrund der Umstrukturierungen laufen wir Gefahr, im nächsten Jahr und im darauffolgenden Jahr weniger Gewinn zu machen als im vorigen Jahr und im Jahr davor. Aber die Preissenkungen dürften eine Verdoppelung unseres Umsatzes bewirken / nach sich ziehen.

En raison des restructurations, l'année prochaine et l'année suivante, nous risquons de réaliser moins de bénéfices que l'année dernière (passée) et l'année précédente. / ...nous risquons de réaliser moins de bénéfices ... à cause des / en raison des restructurations. Mais la réduction des prix devrait entraîner un doublement de notre chiffre d'affaires.

Dank der Subventionen, die aufgrund / infolge des Budgetüberschusses gewährt wurden, konnten wir die Verringerung der Beschäftigtenzahl vermeiden, die wegen / aufgrund / infolge einer Reihe von Verlusten notwendig gewesen wäre.

Grâce aux subventions accordées en raison de l'excédent budgétaire, nous avons pu éviter la réduction des effectifs qui aurait été nécessaire à cause d'une série de pertes / en raison d'une série de pertes / par suite d'une série de pertes.

Im Insolvenzfall zahlt das Unternehmen einen viel geringeren Teil seiner Verbindlichkeiten zurück als im Fall eines Ausgleichs.

En cas d'insolvabilité, l'entreprise rembourse une part beaucoup moins importante / grande de ses dettes que dans le cas d'un / en cas de règlement judiciaire.

**6)**

Seit der Wahl steigen Import und Export, und der Handel entwickelt sich.

Depuis les élections, les importations et les exportations augmentent et les échanges se développent.

Nach dem Verlust im Vorjahr erwarten wir für heuer einen Gewinn. Aber die Entwicklung des Lagers, des Absatzes und der Mitarbeiterzahl ist noch nicht zufriedenstellend.

Après les pertes de l'année dernière, nous nous attendons à des bénéfices pour cette année. Mais l'évolution des stocks, des ventes et des effectifs n'est pas encore satisfaisante.

**7)**

In einer Reportage wurden die Ergebnisse einer Umfrage über den Hauptgrund der Arbeitslosigkeit veröffentlicht.

Dans un reportage, on a publié les résultats d'un sondage sur la principale raison du chômage.

Der Wert dieser Aktien erklärt sich ebensosehr durch die Rendite wie durch die Rolle dieses Konzerns, der die Kontrolle über einen ganzen Sektor der Volkswirtschaft ausübt und der soeben ein öffentliches Übernahmeangebot erfolgreich abgeschlossen hat.

La valeur de ces actions s'explique autant par le rendement que par le rôle de ce groupe, qui exerce le contrôle sur tout un secteur de l'économie nationale et qui vient de réussir / mener à bien une offre publique d'achat.

Diese Graphik bestätigt, daß ein Umsatz von einer Million Dollar, ja sogar von einer Milliarde, in diesem Bereich eine vollkommen normale Zahl darstellt.

Ce graphique confirme qu'un chiffre d'affaires d'un million de dollars, voire (ou même) d'un milliard, représente / constitue un chiffre tout à fait normal dans ce domaine.

Eine politische Partei besitzt den Löwenanteil im Kapital dieses Unternehmens und kassiert daher einen großen Teil der Dividende.

C'est un parti politique qui possède la part du lion dans le capital de cette entreprise et qui encaisse donc une grande partie du dividende.

**8)**

Die Lage hat sich nicht verändert: Trotz guter Konjunktur sinkt / verringert sich die Arbeitslosigkeit nicht, im Gegenteil: Sie steigt / erhöht sich.

La situation n'a pas changé: malgré la bonne conjoncture, le chômage ne diminue pas / ne se réduit pas, au contraire: il augmente / il s'accroît.

Man erwartet, daß die Arbeitslosenrate, die derzeit ca. 10% beträgt, sich im Laufe des nächsten Jahrzehnts verdoppelt oder verdreifacht.

On s'attend à ce que le taux de chômage, qui actuellement / à l'heure actuelle s'élève à / est de (se monte à) 10% environ, double ou triple dans le courant de / au cours de la prochaine décennie.

9)

In der EU kommen einerseits die sozialen Errungenschaften den Arbeitnehmern zugute, aber andererseits reduzieren die Unternehmen ihre Mitarbeiterzahl, obwohl sie immer mehr produzieren.

Dans l'UE, d'une part, les acquis sociaux bénéficient / profitent aux salariés, mais d'autre part, les entreprises réduisent leurs effectifs, bien qu'elles produisent de plus en plus. (d'un côté.../ de l'autre...)

Die Regierung hat versprochen, daß sie die Budgetprobleme lösen und gleichzeitig die Wirtschaft fördern würde: Sie hat angeboten, die großen Banken zu privatisieren, die von der vorigen Regierung erworben worden waren, welche eine große Förderin des öffentlichen Sektors war.

Le gouvernement a promis qu'il résoudrait les problèmes budgétaires tout en promouvant l'économie: il a offert / proposé de dénationaliser / de privatiser les grandes banques, qui avaient été acquises par le gouvernement précédent, (qui était un) grand promoteur du secteur public.

Vor allem das Budget wird von den Privatisierungen profitieren. Diese werden von ausländischen Erwerbern finanziert, die so die heimische Wirtschaft fördern.

C'est surtout le budget qui bénéficiera des / profitera des dénationalisations. Celles-ci sont financées par des acquéreurs étrangers, qui promeuvent ainsi l'économie nationale.

Das vom Finanzminister geförderte Angebot der heimischen Banken wurde nicht berücksichtigt, und diese schlossen daraus: "Wenn wir die lahmen Enten des Staates erwerben, finanzieren wir das Budgetdefizit, aber wir lösen nicht die Probleme der Branche. Die Alternative dazu ist, daß das Ausland zum Nutznießer der heimischen Wirtschaftsförderung wird."

L'offre des banques nationales, promue par le ministre des Finances, n'a pas été prise en compte, et celles-ci en ont conclu: "Si nous acquérons les canards boîteux de l'État, nous finançons le déficit budgétaire, mais nous ne résolvons pas les problèmes du secteur. L'alternative en est que l'étranger devienne le bénéficiaire de la promotion économique nationale."

**10)**

**10.a)**

Die derzeitige Sparpolitik entspricht dem sparsamen Charakter des Präsidenten, aber sie ist auch charakteristisch für die neue Strategie der Regierung.

La politique de rigueur / d'austérité actuelle correspond au caractère économe du président, mais elle est aussi caractéristique de la nouvelle stratégie du gouvernement.

Den Prognosen zufolge wird die Verringerung des Preises für das Barrel Erdöl in den kommenden Monaten günstige Auswirkungen auf die Konjunktur haben.

Selon les pronostics, la diminution / la réduction du prix du baril de pétrole dans les prochains mois / dans les mois à venir aura des effets favorables sur la conjoncture.

Sowohl der Exporteur als auch der Importeur profitieren von diesem Vertrag, dessen Gegenstand der Verkauf von Flugzeugen ist. Er wird für die Dauer eines Geschäftsjahres Konflikte bezüglich der Preise vermeiden helfen.

Aussi bien / Tant l'exportateur que l'importateur profitent / bénéficient de ce contrat, dont l'objet est la vente d'avions. Il aidera à éviter, pour la durée d'un exercice, les conflits au sujet des prix.

Die Regierung möchte das Budget durch folgende Maßnahmen sanieren:

- erstens, die Gehälter in der verstaatlichten Industrie halbieren (= durch zwei dividieren);
- zweitens, die Vorteile der Arbeitgeber gegenüber den Arbeitnehmern streichen;
- und drittens, eine Anpassung der Subventionen durchführen.

Le gouvernement voudrait assainir le budget par les mesures suivantes:

- premièrement, diviser par deux les salaires dans l'industrie nationalisée;
- deuxièmement, supprimer les avantages des patrons par rapport aux salariés;
- et troisièmement, effectuer une adaptation des subventions.

Die Anwälte der chemischen Industrie fordern, daß das Parlament den Gesetzesentwurf (= das Gesetzesprojekt) über die Chemie und die Medizin revidiert.

Les avocats de l'industrie chimique exigent que le parlement révise le projet de loi sur la chimie et la médecine.

**10.b)**

Die EDV-Ausstattung für die Buchhaltung ist teuer, denn die meisten Buchhalter haben die Tendenz, zum Beispiel sehr große Computer oder hochentwickelte Software zu verwenden.

L'équipement informatique pour la comptabilité coûte cher, car la plupart des comptables ont tendance à utiliser, par exemple, de très gros ordinateurs ou des logiciels sophistiqués.

Der Handelsbilanzüberschuß wächst mit außergewöhnlicher Geschwindigkeit (= Rhythmus) dank der eher unerwarteten Entwicklung der Infrastruktur, die von der Regierung initiiert wurde.

L'excédent commercial (de la balance commerciale) augmente à un rythme exceptionnel, grâce au développement plutôt inespéré des infrastructures initié par le gouvernement.

Er arbeitet als Assistent der kaufmännischen Leitung, aber er kann weder Wirtschaftssprache noch Handelskorrespondenz.

Il travaille comme assistant de la direction commerciale, mais il ne connaît ni le langage économique ni la correspondance commerciale.

**10.c)**

| | |
|---|---|
| Manche Franzosen (und manche Französinnen) glauben, daß alle Amerikaner Spezialisten für Wall-Street-Kurse und für Informatik-Programme sind, und daß die Amerikanerinnen alle Tage ihre Einkäufe in den modernsten Großmärkten tätigen. | Certains Français (et certaines Françaises) croient que tous les Américains sont spécialistes des cours de Wall Street et des programmes informatiques, et que les Américaines font tous les jours leurs courses dans les hypermarchés / grandes surfaces les plus modernes. |
| In der öffentlichen Meinung ist das Image der Sozialdemokraten positiver als jenes der nationalen Parteien: Sie sind sehr aktiv, wenn es darum geht, das Land konkurrenzfähig zu machen. | Dans l'opinion publique, l'image des sociaux-démocrates est plus positive que celle des partis nationaux: ils sont très actifs lorsqu'il s'agit de rendre le pays compétitif. |
| Die Liberalen verlangen gleiche steuerliche Bedingungen für alle (Leute), was zu ihrem Wahlsieg beitragen könnte. | Les libéraux réclament des conditions fiscales égales pour tout le monde, ce qui pourrait contribuer à leur victoire électorale. |
| Zusammenfassung: Das Problem dieser Genossenschaft sind die Nettoverluste, die bereits den Bruttowert des Umsatzes übersteigen, infolge / aufgrund / wegen des zu hohen Einkommens der Mitglieder, die gleichzeitig Angestellte sind. | Résumé: Le problème de cette coopérative, ce sont les pertes nettes qui dépassent déjà la valeur brute du chiffre d'affaires, par suite du / en raison du / à cause du revenu trop élevé des membres qui sont en même temps employés. |
| Die Erdölproduktion ist kein öffentliches Monopol mehr, weil die meisten Experten am Erfolg dieses Systems zweifeln. | La production de pétrole n'est plus un monopole public, parce que la plupart des experts doutent du succès de ce système. |

**10.d)**

| | |
|---|---|
| Die Rechtspersönlichkeit einer AG hängt weder von ihren Aktionären noch von ihrem Personal ab. | La personnalité juridique d'une SA ne dépend ni de ses actionnaires ni de son personnel. |
| Die professionellen Ökonomen der französische Nationalbank, die die erste Adresse in Währungsfragen ist, sind gegen den Protektionismus, der die nationale Währung schwächt. | Les économistes professionnels de la Banque de France, qui est l'adresse n°1 pour les questions monétaires, sont contre le protectionnisme, qui affaiblit la monnaie nationale. |
| Die nächste Etappe unserer Werbe-kampagne wird sich an die Beamten richten, die sehr traditionelle Konsum-gewohnheiten haben. | La prochaine étape de notre campagne publicitaire s'adressera aux fonctionnai-res, qui ont des habitudes de consom-mation très traditionnelles. |
| Der Aufschwung der Schattenwirtschaft (= "Parallelwirtschaft") könnte die posi-tiven budgetären Auswirkungen der Steuerreform annullieren. | L'essor de l'économie parallèle pourrait / risque d'annuler les effets budgétaires positifs de la réforme fiscale. |

**10.e + f)**

Der Staat muß diverse Maßnahmen ergreifen, einerseits gegen die zu hohen Zinsen und andererseits gegen die Arbeitslosigkeit, die ihn teuer kommt.

L'État doit prendre diverses mesures, d'un côté contre les intérêts trop élevés, et de l'autre contre le chômage, qui lui coûte cher. (d'une part...d'autre part)

Devisenoptionen wurden vor allem geschaffen, um dem Wechselkursrisiko vorzubeugen; sie notieren auch an der Börse. Es ist zu hoffen, daß sie eines Tages billiger (= weniger teuer) sein werden.

Les options sur devises ont surtout été créées pour se prémunir contre le risque de change; elles sont aussi cotées en Bourse. Il faut espérer qu'elles seront un jour meilleur marché / moins chères.

Die Beziehungen zwischen Franzosen und Österreichern sind seit fast einem halben Jahrhundert ausgezeichnet; immer mehr Österreicher lernen Französisch und kaufen französische Produkte.

Les relations entre les Français et les Autrichiens sont excellentes depuis presque un demi-siècle; de plus en plus d'Autrichiens apprennent le français et achètent des produits français.

Erdöl stellt ein Problem dar; es ist zu teuer geworden, weil die westlichen Länder zu viel davon gekauft haben.

Le pétrole représente un problème; il est devenu trop cher parce que les pays occidentaux en ont trop acheté.

Ich habe gerade meinen ersten Computer gekauft; jetzt brauche ich noch eine effiziente Sekretärin und ein paar Millionen französische Francs, die ich problemlos zu finden hoffe.

Je viens d'acheter mon premier ordinateur; maintenant j'ai encore besoin d'une secrétaire efficace et de quelques millions de francs français, que j'espère trouver sans problèmes.

# INDEX ALLEMAND

# INDEX FRANÇAIS